Peter Müller · Fasten – dem Leben Richtung geben

Peter Müller

Fasten – dem Leben Richtung geben

Handreichung für Fastengruppenleiter

Kösel

ISBN 3-466-50075-3

Gesamtherstellung: Kösel, Kempten
Umschlaggestaltung: Bine Cordes, Weyarn

1 2 3 4 5 6 · 95 94 93 92 91 90

Inhalt

Wir verlangen, das Leben müsse einen Sinn haben,
aber es hat nur ganz genau so viel Sinn,
wie wir ihm selbst zu geben imstande sind.

Hermann Hesse

Alles, was ich sage, sei Gespräch.
Nichts davon sei ein Rat.
Ich spräche nicht so kühn,
wenn man mir folgen müßte.

Erasmus von Rotterdam

Um was geht es? – Zur Orientierung

Warum haben Sie dieses Buch in die Hand genommen? Vielleicht, weil Sie den Titel ansprechend finden oder weil das Wort »Fasten« Ihre Aufmerksamkeit fesselte, vielleicht haben Sie Fastenerfahrungen und/oder sind haupt- bzw. mitverantwortlich für die konzeptionelle und inhaltliche Arbeit mit Erwachsenen in Ihrer Gemeinde oder in einer Bildungseinrichtung, vielleicht ... Vielleicht geht es Ihnen aber auch so wie mir mit manchem Buchtitel: Ich erhoffe mir zunächst wichtige Informationen, dann aber vor allem Anregungen – und doch fällt es mir oft schwer, sie genau zu benennen – die meiner Suche nach ganzheitlichem Erleben und Arbeiten entgegenkommen. Während ich das schreibe, fällt mir eine Geschichte ein, die das, was ich sagen möchte, viel besser erfaßt. Ich habe sie vor längerer Zeit im Radio gehört und mir am Abend dazu Stichworte notiert.

Ein Vater arbeitet an seinem Schreibtisch. Da seine Frau für einige Stunden weg ist, darf der kleine Sohn beim Vater im Arbeitszimmer spielen. Der Sohn ist dabei recht laut, doch der Vater möchte Ruhe haben. Er nimmt daher eine alte Zeitschrift und reißt ein Blatt heraus, auf dem eine Weltkarte abgedruckt ist. Die zerreißt er in kleine Stücke, gibt sie dem Sohn und sagt: »Hier hast du ein neues Puzzle. Setz einmal die alte, zerrissene Welt wieder schön zusammen.« Und er hofft, nun habe er eine Weile Ruhe für seine wichtige Arbeit. Aber der Sohn kommt nach kurzer Zeit und viel zu schnell für den Vater mit der zusammengesetzten Weltkarte wieder zurück. Der Vater staunt: »Wie hast du das nur gemacht?« »Das war ganz einfach. Auf der Rückseite der Weltkarte war ein großes Bild von einem Menschen. Ich brauchte nur den Menschen zusammenzusetzen, dann war auch die Welt wieder ganz.«

Dieses Kind schaute nicht auf die zerrissene Welt, sondern auf den Menschen. Es setzt die zerrissenen Teile des Menschen aneinander, gibt ihm sein Gesicht, seinen Körper und seine Ganzheit wieder – und damit wird auch die Welt in Ordnung gebracht. Aus Zerrissenheit wird Einheit. Das Kind bringt in seinem spielerischen Tun die Sehnsucht vieler Menschen heute nach leiblich-seelischer Ganzheit und nach der Verbindung von Natur und Mensch zum Ausdruck. Doch es zeigt auch: Erst muß der Mensch seine Zerrissenheit überwinden und gesund an Leib und Seele werden, dann kann auch die Welt wieder »heil« werden. Das aber bedeutet letztlich – trotz aller gegenseitiger Abhängigkeit von Mensch und Welt –, ich muß bei mir selbst anfangen, um zerrissene Teile meines Lebens zusammenzuführen, nach Ganzheit zu suchen, kurz: um meinem Leben Richtung zu geben.
Fasten – wie wir es in den letzten Jahren während der »Rottweiler Fastenwoche« gestalten und erleben, ist eine oft mißverstandene, aber hervorragende Möglichkeit anzufangen, die eigene Zerrissenheit zu überwinden. Dabei ist wichtig: Ich muß selbst fasten, um zu erleben, was es bei mir und anderen bewirken kann. Reden allein und der sorgenvolle Blick auf die angesammelten Pfunde oder die ständige Suche nach schnellwirkenden Abnehm-, Diät- oder Entschlackungsmethoden bringen nichts. Die heilsamen Wirkungen des Fastens für Körper, Geist und Seele wurden von Ärzten in den letzten Jahrzehnten wiederentdeckt, doch sie waren schon von alters her in allen Religionen bekannt. Auch Christen können dabei auf eine breite biblische und altchristliche Tradition freiwilligen Fastens zurückgreifen, die dort gelebte Einheit von Leib und Seele, Körper und Geist neu entdecken und heute den Sinn des Fastens neu erleben. Diesen finden wir in einem alten Gebet aus dem 7. Jh. (in moderner Übersetzung von Rolf Zerfaß) wie folgt zusammengefaßt: »Durch das Fasten des Leibes minderst Du die Schäden, erhebst Du den Geist, schenkst Kondition und eine Menge Zugaben.«
»Fasten« – das war doch vor 10 bis 15 Jahren für die meisten Menschen noch ein überwiegend religiöses und z. T. negativ besetztes Relikt aus vergangenen Zeiten. »Fasten« – das erinnert viele an Verzicht (z. B. auf Fleisch), an kirchliche Bußvorschriften in

Form von Geboten und Verboten, an Askese, an Bilder von hageren und ausgemergelten Menschen, an frühere Gepflogenheiten während der Fasten- und Adventszeit als Festvorbereitung, die man heute kaum bzw. nicht mehr pflegt, an ...
Warum dann dieses immer größer werdende Interesse vieler Menschen am »Fasten«? Kritiker sind geneigt, dies als eine der vielen vergänglichen Modeerscheinungen im Zuge der Gesundheitswelle abzuqualifizieren. Vordergründig werden sie bestätigt durch bestimmte Spielarten des »Fastens«, denen es nur um eine Schlankheitskur, um Abspecken oder um das herrschende Jugendlichkeits- oder Schönheitsideal geht. Ist dies aber das »Fasten«, das immer mehr Menschen suchen? Ist Fasten eine Modeerscheinung oder ein »Heilmittel für Leib und Seele«?
Das vorliegende Arbeitsbuch greift im *I. Teil* mit dem Begriff »Ganzheitliches Fasten« diese Fragestellung auf und stellt grundlegende Informationen vor. Neben den bescheidenen Hinweisen auf zentrale medizinische Erkenntnisse, nimmt die Entfaltung und Auseinandersetzung mit der religiösen, hier vor allem mit der biblischen und altchristlichen Tradition, einen breiten Raum ein. In ihr entdecken wir wesentliche Aspekte, um heute »Fasten für Gesunde« in christlichen Gemeinden und Gruppen neu zu beleben.
Im *II. Teil* werden für Veranstalter und Fastengruppenleiter konkrete Erfahrungen und Anregungen aus der »Rottweiler Fastenwoche« zur Planung, Organisation und didaktisch-methodischen Gestaltung einer Fastenwoche vorgestellt: Anliegen und grundlegende Elemente, Regeln ganzheitlichen Fastens, Aufbau und mögliche Inhalte einer Fastenwoche, Motive, Erwartungen an Fastengruppen, gesammelte Anregungen zu den Gruppentreffen an den verschiedenen Tagen der Fastenwoche u.a.m.
Im *III. Teil* unter dem Stichwort »Fundgruppe« findet vor allem der Fastengruppenleiter weitere Tips und Hilfen für die Gespräche mit Fastern und der Gruppe.
Dieses Arbeitsbuch grenzt sich ab und ergänzt sich gleichzeitig mit anderen in folgender Weise:

- Es ist *kein* medizinischer Fastenführer mit Anleitungen zum körperlichen Fasten. Dazu gibt es Literatur von kompetenten Fachärzten.
- Es stellt die christliche Tradition des Fastens heraus, will sie neu beleben und Wege aufzeigen, den »christlichen Sinnhorizont« (Alfons Auer) in ein ganzheitliches Fasten einzubringen. In diesem Sinne möchte es interessierte Faster informieren sowie Veranstaltern und Fastengruppenleitern/innen Basisanregungen zur Planung und Gestaltung von Fastenwochen vorstellen.
- Es bedarf der Ergänzung durch das »Lese- und Übungsbuch zum spirituellen Fasten«. In jenem Arbeitsbuch »Fasten – dem Leben Richtung geben« habe ich daher für Einzelfaster, Fastengruppen und Fastengruppenleiter entlang zweier Leitthemen zu den Tagen einer Fastenwoche sehr unterschiedliche Texte, Bilder, Sprüche, Impulse, Gebete, Geschichten, Übungen als religiös-spiritueller Fastenbegleiter und als Anregung sowohl zur persönlichen Besinnung als auch zum Gespräch in Gruppen zusammengestellt und aufbereitet.

Fasten – je länger ich mich damit beschäftige, um so mehr entdecke ich, welche Erfahrungsschätze sinngebender Lebensgestaltung Kirchen und wir Christen in den letzten Jahrzehnten aus verschiedensten Gründen verkümmern ließen. Ich bin daher dankbar für meine bisherigen Fastenerfahrungen während der Rottweiler Fastenwochen. Die Initiative dazu ging vor Jahren von Frau Cornelia Heinemann (pädagogische Mitarbeiterin beim Katholischen Bildungswerk Kreis Rottweil und Gesundheitsberaterin) aus. Durch sie wurde ich mit dem Thema »Fasten« konfrontiert und vertraut. Viele Ideen, Erkenntnisse, Arbeitspapiere und Überlegungen aus gemeinsamen Fastenwochen und Ausbildungskursen für Fastengruppenleiter gingen in dieses Arbeitsbuch ein. Für diese Zusammenarbeit, die Überlassung ihrer Arbeitsunterlagen zur Erarbeitung von »ergänzenden Informationen zum körperlichen Fasten« (Seite 85ff.) und das Lesen meines Manuskripts möchte ich ihr danken. Aber auch die Teilnehmer unserer Fastenwochen und die Fastengruppenleiter haben durch ihr Fasten, ihre Fragen und die Gruppengespräche mein Fasten und Arbeiten bereichert. Dafür vielen Dank.

Dieses Arbeitsbuch zum Fasten ist aus der Praxis kirchlicher Erwachsenenbildung und für die praktische Arbeit mit Erwachsenen in Gruppen, Bildungseinrichtungen und Kirchengemeinden entstanden. Damit verbinde ich die Hoffnung, daß viele Veranstalter, Fastengruppenleiter und auch interessierte Faster ermutigt werden, Fastenwochen didaktisch-methodisch zu planen und zu gestalten, damit immer mehr Menschen die befreiende Wirkung eines eigenverantwortlichen und freiwilligen Fastens an Leib und Seele erleben.

Peter Müller, Rottweil
Juni 1989

Teil 1

GANZHEITLICH FASTEN

mit Leib, Geist und Seele

Für mehr als mich

Ich bin ein Sucher
Eines Weges.
Zu allem was mehr ist
Als
Stoffwechsel
Blutkreislauf
Nahrungsaufnahme
Zellenverfall

Ich bin ein Sucher
Eines Weges
Der breiter ist
Als ich.
Nicht zu schmal.
Kein Ein-Mann-Weg
Aber auch keine
Staubige, tausendmal
überlaufene Bahn.

Ich bin ein Sucher
Eines Weges.
Sucher eines Weges
für mehr
Als mich

Günter Kunert

»Siehe da, was das Fasten wirkt! Es heilt die Krankheiten, trocknet die überschüssigen Säfte im Körper aus, vertreibt die bösen Geister, verscheucht verkehrte Gedanken, gibt dem Geist größere Klarheit, macht das Herz rein, heiligt den Leib und führt schließlich den Menschen vor den Thron Gottes ... eine große Kraft ist das Fasten und verschafft große Erfolge.«

Wir müssen nicht gleich in solche Lobeshymnen über das Fasten ausbrechen wie z. B. Athanasius, der Bischof von Alexandrien (4. Jh.), doch wer einmal gefastet hat oder Menschen während und nach einer Fastenwoche, wie sie in diesem Arbeitsbuch beschrieben wird, erlebt, der beobachtet und hört ähnliche Erfahrungen: Gelebte Fastenerfahrungen, in denen Menschen – ganz anders als üblich – sensibler werden für die inneren Zusammenhänge zwischen körperlichem Wohlbefinden und seelischem Erleben, für die Einheit von Leib und Seele, Körper und Geist. Doch sie spüren und erleben diese nicht nur, sie erzählen auch darüber und gleichzeitig können wir an ihren Augen, ihrer Offenheit und ihrem Verhalten deutlich erkennen: Durch das Fasten haben sie begonnen, sich »ganzheitlich« neu zu entdecken.

Ist die »Wiederentdeckung des Fastens« daher mehr als nur eine weitere Modeerscheinung im Rahmen der Gesundheitswelle? Verbirgt sich hinter dem Interesse an »Fastenkursen« mehr als die Suche nach einer neuen Form des Abspeckens, des Entschlakkens, des Schlankerwerdens ...? Oder entlarvt sich das Interesse als bloße Neugierde an etwas »Neuem«, das man(n, frau) auch einmal an sich erprobt haben muß? Wie kommt es zur Wiederentdeckung des Fastens? Auf welche Grundlagen, Erfahrungen und Traditionsstränge des Fastens können Christen zurückgreifen und sie neu entdecken? Warum wollen Menschen heute fasten? Was heißt »Heilfasten«, was »Fasten für Gesunde«, was »ganzheitliches Fasten?«

Zu diesen und anderen Fragen werden im I. Teil dieses Buches wichtige Informationen, geschichtliche Entwicklungen, Verstehenshilfen zum biblischen Fastenverständnis, Texte und Anregungen vorgestellt, die zu einem grundlegenden Verstehen und zur Gestaltung von Fastenwochen, wie wir sie in den letzten Jahren in Rottweil durchgeführt haben, beitragen können. Dabei geht es, wie übrigens im ganzen Arbeitsbuch, nicht darum, die in der Literatur schon ausreichend entfalteten medizinischen Erkenntnisse zu wiederholen. Auch werden hier keine praktischen Anleitungen zum körperlichen Fasten aus der Sicht des Arztes gegeben. Dazu liefert das Buch von Dr. Hellmut Lützner »Wie neu geboren durch Fasten« (vgl. Anmerkung 3), auf das wir uns bei der inhaltlichen Gestaltung der körperlich-medizinischen Dimension einer Fastenwoche beziehen, ausreichende Hilfen. Vielmehr geht es in diesem Arbeitsbuch um die mit dem körperlichen Fasten verbundenen, aber ebenso wichtigen, geistigen, seelischen, religiösen und sozialen Dimensionen des Fastens. Was können wir dazu in der religiösen und vor allem in der christlichen Tradition wiederentdecken und als Antwort- und Lebenshilfe den Menschen heute, z. B. während einer Fastenwoche anbieten? Daher findet der Leser in diesem Arbeitsbuch neben den grundlegenden Informationen auch eine Reihe ausgewählter Texte aus der christlichen Tradition, einige im I. Teil, die anderen gesammelt im III. Teil; er kann deren Zusammenhänge erkennen. Als Hintergrund und zur inhaltlichen Gestaltung von Fastenwochen aus christlicher Sicht und Verantwortung sind sie bedeutsam und hilfreich.

1. Gesundheit – neue Sensibilität für die Ganzheit des Menschen

Immer mehr Menschen spüren heute, daß an unserer Art, zu leben, zu arbeiten, sich zu ernähren und die Freizeit zu gestalten, vieles nicht mehr stimmt. Sie beobachten es bei anderen und erleben es – je nach Situation – auch an sich selbst: ständige Anspannungen und in ihrem Gefolge das Gefühl der Überforderung sowie der Verspannung, die immer häufiger auftretende innere Leere und Hilflosigkeit des einzelnen und seine Frage nach dem Sinn des Ganzen sowie den oft verharmlosten Leistungsdruck mit seiner einseitigen Orientierung aller Kräfte an Wachstum, Fortschritt und Konsum. Schon diese wenigen Beobachtungen signalisieren eine gefährliche Verengung des Bewußtseins, reduzierte Lebensmöglichkeiten und eine eingeschränkte Entwicklung der Persönlichkeit. Das, was das Leben lebenswert macht, z. B. die Entfaltung der Gefühlskräfte, die auf Gesundheit und Wohlbefinden, Liebe und Zuwendung, Zufriedenheit und Ausgefülltsein hinwirken oder die Gestaltung tragender zwischenmenschlicher Beziehungen ... werden zu wenig beachtet, unterdrückt oder nur in oberflächlichen »Außen-Befriedigungen« gesucht. Menschen rebellieren, d. h. sie reagieren mit Leib und Seele in Form von körperlichen und psychischen Leiden. Die davon Betroffenen erwarten Hilfen von der modernen Medizin. Doch dort wird der Einheit von Leib und Seele – ähnlich wie im alten Griechenland – noch zu wenig Bedeutung geschenkt. Schon Plato (427–347 v. Chr.) klagte: »Leib und Seele werden allzu sehr getrennt, obwohl sie nicht getrennt werden können. Deshalb übersehen die Ärzte so viel. Sie sehen nicht das Ganze. Ihm sollten sie sich zuwenden. Denn wo das Ganze übel dran ist, kann unmöglich ein Teil davon gesund sein.«[1] Mit dieser Klage erzielte Plato kaum Wirkungen (dafür mit seiner Trennung von Leib und Seele viel mehr, vgl. unten), doch sie gilt auch heute noch für viele Ärzte und noch mehr als damals für jeden von uns. Erfreulicherweise jedoch erkennen immer mehr gesundheitsorientierte Laien und aufgeschlossene Ärzte die Zusammenhänge von körperlichen Krankheiten und psychischen Leiden sowie neben den positiven Leistungen auch die Grenzen und Fehlentwicklungen der sogenannten Schulmedizin. Denn eine Reihe von bekannten Beobachtungen und Erfahrungen erscheinen uns bei näherer Betrachtung paradox:

- Da wurden durch die Fortschritte in der medizinischen Forschung und Praxis die sogenannten »Killerkrankheiten« der Menschheit ausgerottet, doch falsche Lebensgewohnheiten (die übliche Ernährungsweise, weitverbreiteter Bewegungsmangel, der Mißbrauch von Genußmitteln, wachsende Orientierungslosigkeit ...) führen zu Zivilisationskrankheiten (z. B. Stoffwechselstörungen, rheumatische Erkrankungen, Herz-Gefäß-Krankheiten ...), die Körper und Psyche oft schon in frühen Jahren gefährden.
- Da haben sich die Lebenserwartungen der Menschen verdoppelt, und an der Oberfläche unseres Lebens scheint es uns gut zu gehen. Aber wie sieht es darunter aus? Unsere Alltagssprache offenbart unsere wahre Natur: »Das schlägt mir auf den Magen«; »Das geht mir an die Nieren«; »Ihm ist eine Laus über die Leber gelaufen«; »Da bleibt uns die Luft weg« .... Probleme, negative Gedanken, Ereignisse, Ängste, Sorgen ... schlagen sich auf innere Organe nieder und werden zur Belastung, können krankmachen. Unsere Sprache ist voll von positiven und negativen Redensarten, in denen seelische Vorgänge durch Hinweise auf das Körperliche angedeutet bzw. offengelegt werden.
- Paradox erscheint schließlich das hygienische Verhalten vieler Menschen. Die *überzogene* Sorge um die Körperpflege, Make-up und Reinigung der Wohnung steht nicht selten in bedenklichem Gegensatz zur groben Vernachlässigung der seelischen Hygiene. Orientierungslosigkeit und zahlreiche psychisch bedingte Krankheiten sind eine mögliche Folge.

Alle diese hier nur kurz angedeuteten Beobachtungen und Erfahrungen signalisieren: Die Einheit von Körper und Leib, Geist und Seele, die sich gegenseitig beeinflussen und aufeinander reagieren, ist empfindlich gestört. Gleichgewicht und natürliches Abwehrsystem des Menschen sind aus dem Lot. Immer mehr Menschen erkennen, daß viele körperliche Leiden seelische Ursachen haben. Damit engstens verbunden ist die Frage nach einer sinnstiftenden und -tragenden Lebensorientierung. Hier liegt das Kernproblem zukünftiger Lebensgestaltung für jeden einzelnen. Schließlich werden immer mehr Menschen sensibler für leib-seelische Zusammenhänge und versuchen, dementsprechend zu leben. Sie sind überzeugt, Krankheit ist mehr als nur körperliches Leiden, und in den überwiegenden Fällen wird hier eine Störung der »Leib-Seele-Geist-Einheit« des Menschen sichtbar. Diese Einheit zu erhalten bzw. diese »Ganzheit des Menschen« wiederzugewinnen, ist das erstrebte Ziel. Was aber ist mit »Ganzheit des Menschen« gemeint?

Aus verschiedenen Gründen, einige wurden schon erwähnt, wird der Begriff »Ganzheit« in den letzten Jahren immer mehr verwendet. Doch was besagt er? Zunächst: Dieser Begriff ist den Veränderungen in der Welt und in den Wissenschaften ausgesetzt und abhängig vom Standpunkt desjenigen, der ihn definiert. Dementsprechend unterschiedlich ist die Betrachtungsweise in verschiedenen Fachgebieten. Doch sie alle können Teilerkenntnisse zur »Ganzheit des Menschen« beitragen, z. B. in der Hirnphysiologie, deren Erkenntnisse über die rechte und linke Gehirnhälfte und ihre je spezifische Art der Informationsaufnahme und -verarbeitung zu neuen Möglichkeiten eines »ganzheitlichen Lernens« führen; oder in der Physik, die eine neue Integration anstrebt, die das Gesamte des Menschen und seiner Lebensbedingungen (Fritjof Capra) umfaßt; oder in der anthropologischen Medizin, die von der »Leib-Seele-Einheit« ausgeht und jede Krankheit als ein Signal der Lebenssituation bzw. -geschichte des Menschen betrachtet (Viktor von Weizsäcker und die ganze Tradition der Homöopathie), oder denken wir an die ganzheitlichen Bemühungen in der Psychologie von C. G. Jung (Ursymbole, Individuation, das Selbst), an die christliche Mystik, an die verschiedenen Religionen und schließlich auch an ernstzunehmende Strömungen, die sich neben manchen Merkwürdigkeiten unter der Bezeichnung »New Age« versammeln. Sie alle bemühen sich darum, daß der Mensch sich wieder bewußt und primär als Einheit und Ganzheit von Leib, Geist und Seele versteht und, das aber ist entscheidend, sich damit auf den Weg begibt, seine Orientierungslosigkeit abzubauen und Sinn in seinem Leben zu finden.

Der Mensch ist ein »ganzheitliches Wesen«, das ist keine Erkennntis der Neuzeit, sondern eine zentrale biblische Aussage. Im hebräischen Verständnis gibt es keine Trennung von Leib und Seele wie beim griechischen Philosophen Plato, der den menschlichen Körper gering achtete, ihn als »Gefängnis der Seele« bezeichnete und damit bis in die Gegenwart das Verständnis von einer im Körper eingeschlossenen Seele bestimmte. Das Alte Testament meint dagegen mit dem Wort »Seele« (nefes) zunächst den Hals, die Kehle, den Schlund. Ohne sie, die Kehle, durch die der Atem des Lebens aufgenommen wird (vgl. bibl. Schöpfungsbericht »blies in seine Nase den Lebensatem«, Gen 2,7), und den Schlund, über den der Mensch täglich Nahrung zu sich nimmt, kann er nicht existieren. »Seele«, das meint aber auch: »als der ganz und gar Bedürftige vor Gott zu stehen und zugleich von Verlangen und Wünschen getrieben zu sein. Sich nach Zuwendung, Liebe und Freude zu sehnen . . .«[2] Seele, das bedeutet, biblisch ganz unterschiedliche Gefühle zu erleben, und zwar als ganzer Mensch, nicht nur mit dem Körper. Gleiches gilt für den Begriff »Leib« (basar = ursprünglich Fleisch), in dem Sinne, daß der Mensch »Leib« ist und damit den ganzen Menschen meint in seiner Körperlichkeit, in seiner Beziehung zur Schöpfung, zu den Mitmenschen und Gott. Ich habe nicht nur einen Leib (das meint: Körper), ich bin auch Leib. Oder in Anlehnung an Karlfried Graf Dürckheim formuliert: Ich habe einen Körper, aber ich bin Leib. Haben kann ich ein Kleidungsstück, ein Buch, ein Auto, mein Körpergewicht . . . Über sie kann ich verfügen und sie gebrauchen. Was ich bin, das gehört unverwechselbar zu mir und ist ein Stück meiner Geschichte, meines Lebens, meiner Identität. Ich kann mich damit begnügen, mich abkapseln, aber auch produktiv und offen damit arbeiten, kurz: mich ändern.

Seit einigen Jahren sind nun vielfältige Bemühungen zu beobachten, die platonische Trennung von Leib und Seele zu überwinden und auf der Basis biblischer und anderer religiöser Traditionen (vgl. z. B. aus dem asiatischen Raum) die gesamte Existenz des Menschen in den Blickpunkt zu rücken: seine unauflösliche Ganzheit von Leib, Geist und Seele. In der Praxis bedeutet dann ganzheitliches Denken und Handeln: nicht ausklammern, mehr integrieren; nicht nur das Detail sehen, sondern auch das Ganze; nicht trennen, mehr verbinden; nicht einfach in paradiesische Harmonie verfallen, sondern eigene und fremde Schattenseiten wahrnehmen und ernsthaft an ihnen arbeiten; bisher verkümmerte Kräfte im Menschen mobilisieren und sie integrieren. Ganzheitliches Denken und Handeln wirkt der Verengung des Bewußtseins entgegen und öffnet den Blick für lebenswertes Leben in bezug auf mich, in der Beziehung zur natürlichen Umwelt, zu den Mitmenschen und zu Gott. Die Wiederentdeckung der »Ganzheit des Menschen« ist ein langer, oft schmerzhafter Prozeß für jeden einzelnen und es geschieht meist unter schwierigen, bedrohlichen und auch krankmachenden Bedingungen. Ein ganzheitliches Gesundheitsverständnis leistet dazu *einen* wichtigen Teilbetrag, indem es Gesundheit nicht an körperliche Funktionstüchtigkeit anbindet und sich nicht auf die Vermittlung gesundheitsfreundlicher Lebensregeln und Rezepte beschränkt. Vielmehr will es menschliches Bewußtsein und die Fähigkeiten fördern, ungesunde Lebensformen abzubauen bzw. zu verhüten sowie dazu anregen, die Kräfte und Möglichkeiten des Leibes, des Geistes und der Seele neu zu entdecken, zu aktivieren und in den Lebensalltag zu integrieren. Welchen Beitrag leistet dazu – vorbeugend und wiedergewinnend – ein »ganzheitliches Fasten«? Teils offen, teils unausgesprochen, finden wir dazu in der christlichen Tradition und bei den Fastenärzten heute eine Reihe von Bemühungen.

Fasten fördert die Gesundheit[5]

Schütze nicht Körperschwäche und Unvermögen vor! Denn nicht mir nennst du solche Entschuldigungsgründe, sondern dem, der es weiß. Wie, du kannst nicht fasten? Aber zeitlebens dich voll sättigen und den Leib durch überreiche Kost aufreiben, das kannst du? Und doch weiß ich, daß die Ärzte den Kranken nicht allerhand Speisen, sondern Fasten und Abstinenz verschreiben. Wenn du das fertig bringst, wie magst du vorgeben, jenes nicht zu vermögen? Was ist dem Bauche zuträglicher: nach mäßiger Speisung die Nacht zuzubringen oder mit Speisen überladen dazuliegen – nein, nicht zu liegen, sondern sich ächzend und stöhnend hin und her zu wälzen? Du müßtest nur einwenden, daß Seeleute ein mit Gütern beladenes Schiff leichter retten als ein weniger beschwertes und leichtes. Doch das schwer beladene sinkt bei mäßigem Wogenprall, während das Schiff mit mäßiger Ladung leicht über die Wogen dahingleitet, da es ohne Schwierigkeiten höher gehen kann. So wird auch der Körper des Menschen, der ständig sich sättigt und mit Speisen beschwert, leicht ein Opfer der Krankheiten; wer aber mit mäßiger und leichter Kost vorlieb nimmt, entgeht nicht bloß dem gefürchteten Übel der Krankheit wie einem drohenden Sturm, sondern überwindet auch bereits eingetretene Unpäßlichkeit wie einen Anprall gegen eine Klippe. Aber der tiefere Organismus verdaut leicht eine mäßige und einfache Nahrung und eignet sie sich an; wird er aber mit vielerlei köstlichen Speisen überladen, die er nicht mehr verdauen kann, dann holt er sich allerlei Krankheiten.

Basilius der Große: Predigt über das Fasten 4

2. Fasten als körperlich-seelische Lebenshilfe

Hinweise auf medizinische Erkenntnisse und Erfahrungen

Die ernsthaften medizinischen Vertreter eines Fastens wie O. Buchinger (sen. und jun.), H. Lützner u. a.[3] griffen die obengenannten Zusammenhänge von körperlichen und seelischen Krankheiten auf und verstehen heute »Fasten als Lebenshilfe im körperlichen, seelischen und geistigen Bereich«[4]. Damit aber wurde für Kranke und Gesunde nur eine sehr alte, in der Natur immer wieder zu beobachtende und in allen Religionen bekannte – zwischen Mittelalter und Neuzeit nahezu vergessene Erkenntnis – als wichtiges und hilfreiches Naturheilverfahren zur Vorbeugung, Linderung und Heilung vieler Krankheiten wieder neu entdeckt. Wiederbelebt wurden damit auch die in der griechisch-römischen Zeit schon bekannten Erkenntnisse der »wissenschaftlichen Heilkunde«, die Fasten als »Mittel der Therapie« einsetzte. So waren beispielsweise für die Vertreter der sogenannten methodischen Schule die Enthaltung von Speisen und Wein sowie Spaziergang, Bewegung und Körpermassage wesentlich therapeutische Maßnahmen. Bei Asklepiades mußten Fieberkranke die ersten drei Tage fasten[6]. Auch die christlichen Kirchenväter erkannten sehr genau die Zusammenhänge zwischen Ernährungsweise und

Krankheiten sowie Fasten und Abstinenz als geeignete Therapie (vgl. Text des Basilius).

Die Wiederentdeckung des Fastens für unsere Tage ist ein Verdienst des Arztes Dr. Otto Buchinger (1878–1966), der erst durch eigene schwere Arthrose und chronische Gallenentzündung, hervorgerufen durch eine verschleppte Mandelentzündung, zum Fasten kam. Durch strenges Fasten unter ärztlicher Kontrolle, empfohlen durch einen Freund, gelang es ihm, zunächst die Arthrose und in einer späteren Fastenkur seine Gallenkolik zu überwinden. Mit diesen Erfahrungen begann die Wiederentdeckung des Fastens. Buchinger fastete selbst jährlich 2–3 Wochen, doch viel bedeutsamer wurde seine beobachtende Begleitung von unzähligen Patienten. Hier spürte er nach, bei welchen Krankheiten Fasten sinnvoll, ja manchmal nur noch als einziges Mittel helfen kann; hier wurde ihm die Wechselbeziehung zwischen Körper und Psyche deutlich; hier entdeckte er – gestützt auf kultur- und religionsgeschichtliche Untersuchungen – die enge Verbindung von gesundheitlichem und religiösem Fasten; hier erlebte er immer wieder neu die Erfahrung, daß Menschen »zu sich selbst kommen«, während des Fastens ihren Lebensstil überdenken und Kraft gewinnen, ihr Leben neu zu orientieren.

Das Fasten befreit also den Körper nicht nur von Krankheiten bzw. wirkt vorbeugend gegen sie, sondern »zugleich geht beim Fasten etwas Innerliches vor sich«[7]. Geist, Leib und Seele sind aufs innigste verbunden. Der Mensch erlebt im Fasten eine ganzheitliche Umstimmung, d. h. körperliche, geistige und seelische Funktionen ändern sich im Fasten und regen dadurch die Selbstheilungskräfte des Menschen an.

Gegen das Fasten gab es zur Zeit Buchingers und gibt es auch heute Vorbehalte, trotz breiter Erfahrungsbasis der Fastenärzte und vieler Faster. Vorbehalte sind z. B.: Das kann man nicht durchhalten, möglicherweise treten Störungen auf wie Sehschwierigkeiten, unruhiger Schlaf, Eiweißmangel u.a.m. Unter Medizinern umstritten ist auch der Begriff »Entschlackung«; jede Seite beruft sich auf wissenschaftliche Untersuchungen (vgl. Spiegel-Artikel in Nr. 11 vom 14. 3. 88 und die Antwort von Dr. Lützner in »Bio-Magazin« 7–8/1988). Viele Erfahrungen, aber auch Erfolge widerlegen diese Vorbehalte. Fasten zielt aus medizinischer Sicht darauf ab, den »inneren Arzt« (Paracelsus), das natürliche Abwehrsystem, den Selbstregulationsmechanismus des Menschen auf möglichst natürlichem Wege zu aktivieren. Für die Fastenärzte geschieht das wie folgt:

- »Die Entlastung des Körpers von der Verdauung und Verwertung der Nahrung gibt ihm die Möglichkeit, seine Kraft auf die Abwehr von Krankheitsursachen zu konzentrieren; bei vielen Krankheiten weist uns der Körper ohnehin schon selbst den Weg zum Nahrungsverzicht, weil der Appetit verringert wird.
- Außerdem befreit das Fasten den Organismus von Schlacken, Giftstoffen, Zell- und Gewebstrümmern, die seine Abwehrkräfte schwächen; sobald sie ausgeschieden wurden, können die Selbstheilungskräfte sich wieder erfolgreicher mit bestehenden Krankheiten auseinandersetzen.
- Hinzu kommt schließlich noch, daß Fasten den Körper kräftigt und verjüngt, eine Wirkung, die natürlich auch den Abwehrfunktionen zugute kommt.«[8]

Fasten als sogenanntes »Heilfasten« (mindestens 3 Wochen in einer Klinik oder unter Aufsicht eines fastenerfahrenen Arztes) unter ärztlicher Anleitung und Kontrolle, das belegen die Erfahrungen und Erfolge Buchingers oder z. B. Lützners in der Kurpark-Klinik in Überlingen, ist ein hilfreiches Verfahren gegen zahlreiche Zivilisationskrankheiten und zur Aktivierung des inneren Arztes. In der einschlägigen Fastenliteratur findet der interessierte Leser dazu ausreichend Informationen. »Fasten für Gesunde« (vgl. Seite 39), wie wir es in einer Fastenwoche mit 5–6 Fastentagen anbieten, dient jedoch vorwiegend der Gesundheitsvorsorge. Aus medizinischer Sicht trägt es dazu bei, zunächst den Körper zu reinigen, zu entschlacken und zu entgiften. Leibold faßt die wichtigsten vorbeugenden Wirkungen so zusammen:

- »Unspezifische Anregung der körpereigenen Abwehr und Widerstandskräfte, die sich praktisch gegen alle Krankheitsursachen richten; da falsche Ernährung oft zur Halbgesundheit mit Abwehrschwäche führt, spielt die Aktivierung der Körperabwehr eine wichtige Rolle bei der Gesundheitsvorsorge.

- Gründliche Entgiftung und Entschlackung der Gewebe und der Zellen, die heute durch Fehlernährung, Genußmittelmißbrauch und Umweltgifte chronisch belastet werden; das behindert unter anderem die Zellerneuerung und schwächt die Abwehrkräfte, so daß vorzeitige Abnutzungs- und Alterserscheinungen drohen; die Fastenkur beseitigt dieses Gesundheitsrisiko besser als jede andere Entschlackungs-(»Blutreinigungs«-)kur.
- Abbau der häufigsten Risikofaktoren, die vor allem das Herz-Gefäß-System gefährden und Stoffwechselkrankheiten begünstigen; dazu gehören hauptsächlich zu hohe Blutfett- und Blutgerinnungswerte, Störungen des Zucker- und Harnsäurestoffwechsels, Übergewicht und chronische Darmträgheit.
- Heilung von Zivilisationskrankheiten im Frühstadium, die noch keine nennenswerten Beschwerden verursachen, insbesondere der ersten Ablagerungen in den Arterienwänden.
- Vorübergehende Entlastung des Stoffwechsels, der Verdauungs- und anderer innerer Organe, so daß sie sich wieder erholen und regenerieren können; dadurch verschwinden viele Funktionsstörungen, aus denen sich später Krankheiten entwickeln könnten.
- Abbau des verbreiteten Arzneimittelmißbrauchs, weil durch die Fastenkur viele Beschwerden verschwinden, so daß überhaupt keine Medikamente mehr erforderlich werden; gleichzeitig kann die Fastenkur durch Entgiftung die Rückstände chemischer Arzneimittel wieder aus dem Körper entfernen.
- Störungen der Leistungsfähigkeit, wie abnorme Müdigkeit, Erschöpfungszustände, Nervosität, Konzentrations- und Gedächtnisstörungen und ähnliche Symptome, die häufig als unklare Warnzeichen der Mesotrophie auftreten, werden beseitigt.
- Geistig-seelische Umstimmung, die sich positiv bei vielen Konflikten, Problemen des Alltags, negativen Gedanken, Verhaltensstörungen und depressiven Verstimmungen auswirkt und auch die verbreiteten psychosomatischen Krankheiten günstig beeinflußt.«[9]

»Fasten für Gesunde« kann somit aus medizinischer Sicht zum Startschuß einer ganzheitlichen Gesundheitsvorsorge werden. Doch nicht nur, um die Folgen falscher Ernährungs- und Lebensgewohnheiten noch rechtzeitig vor Ausbruch einer Krankheit zu beseitigen. Fasten ist ein Angebot, ein Weg für jeden einzelnen, seine alltäglich und oft eingeschränkte Lebensgestaltung zu überdenken, gegebenenfalls zu ändern und so bewußter, gesünder und sinnvoller zu leben. Was konkret beim Fasten aus ärztlicher Sicht im einzelnen zu beachten ist und weitere medizinische und ernährungsrelevante Informationen findet der Leser im schon genannten »Ärztlicher Führer zum selbständigen Fasten« von H. Lützner und in der angegebenen Literatur. Fasten, das ist bei Lützner kein Allheilmittel, sondern ein Angebot, eine freiwillige Entscheidung und ein selbst zu verantwortender Weg, je nach Gesundheits- bzw. Krankheitszustand, ohne oder mit ärztlicher Begleitung. Sein Fastenkonzept konzentriert sich entsprechend seiner Kompetenz zunächst auf die körperlich-medizinischen Aspekte, beachtet und integriert aber die oben skizzierten Zusammenhänge von körperlichem Leiden und seelischen Ursachen, schließlich ist dieses Konzept offen für die religiöse und soziale Dimension des Fastens. Lützner sieht, ebenso wie sein Lehrer O. Buchinger, die große Bedeutung dieser Dimension für eine sinntragende Lebensgestaltung des Menschen. Letztlich bewegt uns seine medizinische Kompetenz, sein Einfühlungsvermögen und seine Offenheit, uns bei der Gestaltung unserer Fastenwochen und bei der Weiterbildung von Fastengruppenleitern seiner Beratung anzuvertrauen.

Die Wiederentdeckung des Fastens durch die Medizin stellt heute einerseits die gesundheitliche Bedeutung des Fastens heraus, betont aber gleichzeitig das Ineinander von gesundheitlichem, geistigem und seelischem Fasten. Damit öffnet sich neu der Blick auf die religiöse Dimension des Fastens. Eine Dimension, deren Bedeutung jahrhundertelang selbstverständlich zum Fasten gehörte, die aber immer mehr (auch in der Kirche) vergessen, durch sogenannte »moderne« Lebensweisen verdrängt und gerade für Buchinger immer bedeutsamer wurde. »Fasten ist eben – ich muß es immer wieder sagen – keine rein medizinische Angelegenheit.«[10]

3. Fasten – eine alte Erfahrung und ihre religiösen Wurzeln

3.1 Fastenmotive in den Religionen

Der sprachliche Ursprung des deutschen Wortes »Fasten« geht zurück auf germanische Wurzeln und bedeutet »fest«-halten, -machen, bewahren. Gemeint ist damit ein »Festhalten« an Geboten zur zeitweiligen, völligen oder teilweisen Enthaltung von bestimmten Speisen oder gänzlich von fester Nahrung und die Beachtung kultischer, ritueller und religiöser Vorschriften. Es gab kein Fasten aus Diätgründen, vielmehr wurde überwiegend auf Nahrung verzichtet, um religiöse Vorstellungen und Ziele zu erreichen. Dieses »Festhalten« an religiösen Vorschriften des Nahrungsverzichtes ist in allen Religionen bekannt. Das gotische Wort »fastan«, das auch oft zur Begründung herangezogen wird, hat dagegen eine doppelte Bedeutung: einmal im Sinne von »festhalten« und eine zweite im Sinne von »innehalten«. Anhalten, um über sein Leben nachzudenken, innehalten, um bei sich einzukehren und sich auf eine Begegnung mit Gott, auf eine Lebensentscheidung, ... vorzubereiten. Auch diesen Bedeutungsaspekt entdecken wir in vielen Religionen. Die Motive jedoch, die aus konkretem Anlaß zum Fasten führen, waren von jeher in den Religionen der einzelnen Kulturkreise und je nach Kulturentwicklung sehr unterschiedlich. Die wesentlichen Motive und Ziele zur Beachtung von Fastengeboten und Speisevorschriften sind oft in Mythen, im Volksglauben und in religiös-philosophischen Schriften der Völker zu finden. Sie lassen sich wie folgt zusammenfassen[11]:

- Schädliche Kräfte, die angeblich in den Speisen enthalten sind, sollen ferngehalten werden, um sich so vor bestimmten Krankheiten zu schützen. Das geschieht vor allem durch Meidung bestimmter Speisen (Fleisch, Innereien, Eier, Bohnen u. a.) und Getränke oder zeitbegrenzten Verzicht auf feste Nahrung, d. h. durch Fasten. Das gilt zunächst allgemein, aber auch speziell in schwierigen Lebenssituationen, z. B. in Zeiten der Trauer. Neben der Trauer um den Verlust, existierte die Angst vor den schädlichen Wirkungen des Totengeistes. Das führte im Volksglauben zum Trauerfasten. Fasten erschien als ein Mittel, um sich gegen die unheimlichen Mächte, die sich mit dem Tod verbinden, zu schützen.
- Die Austreibung verführerischer oder zerstörerischer Mächte durch Zauber wird durch Fasten vorbereitet oder begleitet. Ähnliches ist aus der damit verbundenen Volksmedizin bekannt. Fasten dient dazu, einerseits die Wirkung des Zauberers oder eines Mittels, andererseits auch die eigenen Abwehrkräfte zu stärken. Ähnliches gilt für das Fasten als Abwehr von Katastrophen (Gewitter, Tod, Krieg ...).
- Vorbereitendes oder begleitendes Fasten diente – neben vielen anderen Vorschriften und Riten – auch dazu, die Beziehungen des Menschen zu Gott zu gestalten. Hilfestellung dazu gaben die vielfältigen Reinigungsvorschriften des jeweiligen Kultes. Wer mit einer Gottheit in Verbindung treten, von ihr gestärkt oder gar sich mit ihr vereinigen wollte, der mußte »fasten«, um damit alles Dämonische und schädliche Kräfte in sich auszuräumen. Das jedoch gelang nur, wenn man die vorgeschriebenen Reinheits- und Fastengebote peinlichst erfüllte. Sie ermöglichten die Reinigung von Körper und Geist und führten zu einer intensiveren Gottesbeziehung. Dabei galten für die Priester und Priesterinnen der Gottheit, für die Aufnahme von neuen Mitgliedern in eine Mysteriengemeinde (vgl. z. B. Demeterkult, Isismysterien u. a.) und für die Masse der Pilger, die zum Heiligtum ihrer Gottheit wallfahrteten, sehr unterschiedliche Fastenvorschriften, z. B. hinsichtlich der Dauer des Fastens.
- Fasten galt auch als ein Weg, ekstatische bzw. prophetische Kräfte hervorzurufen und den direkten Kontakt mit dem Göttlichen in Träumen und Visionen zu suchen. Ein Sprichwort bei den Zulus erklärt diese Erfahrung und Praxis mit der Erkenntnis: »Der fortwährend gefüllte Magen kann keine geheimen Dinge sehen.«[12] Diese Vorstellung lebt jedoch nicht nur bei den sogenannten primitiven Völkern und ihren Medizinmännern oder Opferpriestern, sondern die Bedeutung des vorbereitenden Fastens für visionäre Träume, ekstatische Krankenheilungen oder prophetisches Handeln durchzieht auch das religiöse Denken der Griechen, der Römer und ist bei den Religionsstiftern zu beobachten. Mose auf dem Sinai, Mohammed auf

dem Berg Hira, bevor ihm in der »Nacht der Macht« der Koran offenbart wird, Buddha unter dem Bodhi-Baum, bevor ihm die Erleuchtung kommt... Durch das Fasten sollten die eigenen Kräfte so gesteigert werden, um bereit zu werden, die übersinnlichen Offenbarungen zu empfangen.

- Fasten ist schließlich auch *eine* der vielen religiösen Übungen in der antiken Askese. Askese meint die gesamte Lebensweise des Menschen und die entsprechenden körperlichen, geistigen, ethischen und religiösen Übungen dazu, um die geistige Verschmelzung mit dem Lebensziel zu erreichen. Das Fasten in den verschiedenen antiken philosophischen Schulen (Pythagoräer, Neuplatoniker, Kyniker, Stoiker, Epikureer) stand immer in engem Zusammenspiel mit ihrem Lebensziel: Reinigung des Geistes, Glück, Bedürfnislosigkeit, Befreiung der Seele, Mäßigung u.a.m. Fasten ist auf dem Weg, den jeder Mensch zur Erreichung seines Lebenszieles gehen muß, ein sehr bedeutendes und wirksames Mittel. »Es heilt den Menschen an Leib und Seele, es führt ihn in die innere Freiheit, es ist ein Weg zur Selbstverwirklichung, zum inneren Glück.«[13]

Diese verkürzte Kennzeichnung der wichtigsten Motive und Ziele des Fastens zeigt deutlich: Wir wissen wohl nicht, wann und wo die Ursprünge des Fastens genau liegen. Fasten ist jedoch eine uralte Erfahrung der Menschen, die wir weit in die Geschichte zurückverfolgen können. Wir können auch deutlich die enge Verbindung bzw. Einheit des Fastens mit religiösen Vorstellungen und Zielen erkennen. Zahllose Beispiele aus der Geschichte der Religionen belegen die Bedeutung des Fastens für Körper, Geist und Seele des Menschen und seine Beziehung zu seinem Gott bzw. seiner Gottheit. Fasten und Religion, Fastenregelungen und religiöses Bewußtsein sind ineinander verwurzelt, doch auch ein religiöses Fasten, durch von der Not diktierte Lebensweise, ist bekannt.

Es wäre sicher interessant, die religiöse Bedeutung und Praxis des Fastens bei den verschiedenen Völkern und in den Weltreligionen nachzuzeichnen. Die Germanen fasteten einen Tag in der Woche, Spartaner und Perser wollten ihre Jugend durch das Fasten zu einfacher Lebensweise und zur Widerstandsfähigkeit erziehen; die alten Ägypter bekämpften ihre Krankheiten durch Entleeren des Körpers; wir kennen Fastenzeiten im Apiskult; in der vedischen Religion als Teil des Hinduismus entdekken wir die ersten schriftlichen Anweisungen für »Asketen«. Oder denken wir an das Fasten von Mahatma Gandhi, der in dieser Hindutradition steht (vgl. obenstehenden Text); im Buddhismus sind eine Reihe von Regeln zur Enthaltsamkeit allgemeiner und spezifischer Art (gegenüber dem Essen zur falschen Zeit) zu finden, als ein Beitrag auf dem Weg zur Läuterung. Vom Islam kennen wir das »Ramadan-Fasten«, das im Koran als göttliches Gebot festgelegt ist (vgl. obenstehenden Text). Es verlangt in diesen Monaten von allen Muslims (von wenigen Ausnahmen abgesehen) Enthaltsamkeit bezüglich Essen, Trinken, Rauchen, Genuß von Wohl-

---

Fasten im Hinduismus

»Das Fasten ist noch immer ein integrierender Teil des Hinduismus... Die Hinduliteratur ist voll von Berichten über das Fasten, und es gibt heute Tausende von Hindus, die beim geringsten Anlaß fasten... Die Abtötung des Fleisches wurde in der Welt immer als eine Bedingung für den spirituellen Fortschritt angesehen. Es gibt kein Gebet ohne Fasten, wenn man das Fasten im weitesten Sinn auffaßt.«

Mahatma Gandhi[14]

Ramadanfasten

»Ihr Gläubigen! Euch ist vorgeschrieben zu fasten, so wie es auch denjenigen, die vor euch lebten (d.h. den Juden und Christen), vorgeschrieben worden ist. Vielleicht werdet ihr gottesfürchtig sein. (Das Fasten ist) eine bestimmte Anzahl von Tagen (einzuhalten). Und wenn einer von euch krank ist oder sich auf einer Reise befindet (und deshalb nicht fasten kann, ist ihm) eine (entsprechende) Anzahl anderer Tage (zur Nachholung des Fastens auferlegt). Und diejenigen, die es (an sich) leisten können, sind (wenn sie es trotzdem versäumen) zu einer Ersatzleistung verpflichtet, (nämlich) zur Speisung eines Armen... (Fastenzeit ist) der Monat Ramadan, in dem der Koran (erstmals) als Rechtleitung für die Menschen herabgesandt worden ist und (die einzelnen Koranverse) als klare Beweise der Rechtleitung...

Koran, Sure 2, 179–181[15]

---

geruch und Geschlechtsverkehr in der Zeit von Sonnenaufgang bis zum Sonnenuntergang. Fasten im Islam ist jedoch keine Privatangelegenheit, sondern eine gnadenvolle Zeit der religiös-politischen Gemeinschaft, die im Leben des einzelnen und des Islams insgesamt eine große religiöse Bedeutung besitzt.

Diese kurzen Hinweise auf das »Fasten« bei einigen Völkern und Weltreligionen mögen hier genügen. Bei allen Bemühungen stoßen wir immer wieder unter neuen kulturspezifischen Bedingungen auf ähnliche, veränderte oder weiterentwickelte Motive, Ziele und Praktiken religiösen Fastens. Denn gefastet wurde zu allen Zeiten, in allen Religionen und Kulturen, einmal zum Zwecke körperlicher Heilung, dann aus religiös-kultischen Gründen und schließlich zur »Läuterung« in einem geistig-spirituellen Sinn.

Näher betrachten wollen wir im folgenden das »Fasten im Judentum«. Im Rückgriff auf Texte aus dem Alten Testament (AT) sollen einige Grundzüge jüdischer Fastenmotive sichtbar werden. Dabei treffen wir auch auf schon bekannte Motive. Die jüdische Fastenpraxis beeinflußte wesentlich das Fastenverständnis Jesu und die Weiterentwicklung des Fastens sowohl in der Urkirche (vgl. Neues Testament) als auch durch die Kirchen- und Mönchsväter der ersten christlichen Jahrhunderte. Christliches Fasten hat seinen Ursprung im jüdischen Verständnis.

3.2 Fasten im Judentum

Im Gegensatz zu seiner religiösen Umwelt und gegenüber den vielen Vorschriften über jüdische Feste kennt das Volk Israel nur einen gesetzlichen Fasttag im Jahr, den jährlichen Tag des Versöhnungsfestes. »Im siebten Monat, am zehnten Tag des Monats, sollt ihr euch Enthaltung (d. h. nach hebräischem Verständnis völlige Enthaltung von Speise und Trank) auferlegen und keinerlei Arbeit tun . . . Denn an diesem Tag entsühnt man euch, um euch zu reinigen. Vor dem Herrn werdet ihr von allen euren Sünden wieder rein . . . Das gelte als feste Regel« (Lev 16,29–31). Dieses Kippurfasten, von Sonnenaufgang bis Sonnenuntergang, war eine strenge Vorschrift, und wer dagegen handelte, wurde aus der jüdischen Gemeinschaft ausgestoßen (Lev 23,29). Man versammelte sich in »heiliger Versammlung« (Num 29,7), las die Schrift, betete und fastete gemeinsam. Neben diesem einzigen verordneten Gemeinschaftsfasten, das sich im Volk Israel durchsetzte, gab es immer wieder Aufrufe seiner Führer, aus aktuellem Anlaß öffentlich zu fasten, z. B. als Sühnefasten (1 Sam 7,6) oder in Zeiten der Not (Rich 20,26). Das jährliche gemeinsame kultische Fasten wie auch das gemeinsame Fasten aus aktuellem Anlaß hatten sehr starke soziale Bedeutung und betonten die Zugehörigkeit zum Volk Israel.

Neben diesen wenigen verpflichtenden Fasttagen wird »fasten« im AT häufig angesprochen und zu einem freiwilligen Fasten ermuntert, wenn es in der rechten Gesinnung geschieht. Denn »es ist gut, . . . zu fasten . . . Lieber wenig, aber gerecht, als viel und ungerecht« (Tob 12,8). Fasten war eingebunden in das religiös-kultische Leben des Juden und Teil seines ethischen Handelns im Alltag. Fastend bereitete er sich auf eine wichtige Aufgabe vor, z. B. Moses (Dt 9,9), oder ein lebensgefährliches Gespräch, z. B. Esther (4,15–17), oder auf einen Kampf, z. B. Joschafat (2 Chr 20,3.4), um Hilfe von Gott zu erhalten, um Unheil abzuwenden oder weil das Gebet allein nicht mehr ausreichte; denn es galt, »Wer betet, ohne erhört zu werden, muß zu fasten beginnen«[16].

Weit verbreitet war das Trauerfasten. Es gab dazu keine Vorschriften, wann ein Jude aus Trauer fasten mußte, dagegen kennen wir eine Fastenrolle in Kalenderform, die damit beginnt: »Dies sind die Tage, wo man nicht fasten darf und wo die Trauer untersagt ist«[17]. Im einzelnen werden die Fastentage aufgezählt, an denen Fasten verboten war. Auch wenn dieses Fastenverbot zunächst verständlich erscheint, ist es jedoch letztlich auch eine Einschränkung der Freiheit zum Fasten des einzelnen.

Anerkannt war auch ein Fasten, um dadurch Gottes Barmherzigkeit in Not und bei Krankheit zu erbitten. Gerade der jüdische Mensch erlebte die Krankheit als Verfehlung gegen Gott und damit als seine Strafe. Nur von Gott konnte er sich Rettung erhoffen und durch Gebet, Fasten und Almosengeben erbitten, denn: »Tut Gutes, dann wird euch kein Unglück treffen. Es ist gut, zu beten und zu fasten, barmherzig und gerecht zu sein« (Tob 13,7f.). Freiwilliges Fasten galt als Zeichen der Einsicht, der Bereitschaft zur Umkehr und Buße und nicht selten als letzte Zuflucht, um von Gott Hilfe zu erlangen. So berichtete auch Nehamias, als er vom Schicksal Jerusalems nach der Zerstörung durch Babylon und dem der gefangenen Juden hörte: Er setzte sich nieder, weinte und »tagelang fastete und betete (ich) zu dem Gott des Himmels« (Neh 1,4). Fasten als Buße geschah in der Gemeinschaft, z. B. aufgrund der wiederholten Botschaft des Jona an die Leute in Ninive. »Sie riefen ein Fasten aus, und alle, groß und klein, zogen Bußgewänder an« (Jona 3,5) oder allein z. B. Daniel (9,3). Sowohl beim gemeinsamen als auch beim individuellen Fasten geht es jedoch um mehr als um Verzicht auf Nahrung oder/ und Getränk und um mehr als die Einhaltung bestimmter Traditionen (Trauerfasten), Zeiten (Kippurfasten von Sonnenaufgang bis Sonnenuntergang) oder Tage (z. B. fasteten die Juden zur Zeit Jesu zweimal wöchentlich montags und donnerstags). Es geht um die rechte Gesinnung, aus der heraus gefastet und das Leben mit den Menschen und die Beziehung zu Gott gestaltet wird. »So ist der Mensch, der seiner Sünden wegen fastet, aber hingeht und dasselbe wiedertut. Wer wird sein Gebet erhören, und was hat er von seinem Fasten?« (Ps 34,31). Fasten muß grundgelegt sein in einer Umkehr des »ganzen Herzens«. »Zerreißt eure Herzen, nicht eure Kleider und kehrt um zum Herrn, eurem Gott« (Joel 2,13). Diese Gesinnung des echten Fastens wurde von den Propheten immer wieder gefordert, die sich gegen rein äußerliches Fasten wehrten. »Nennst du das ein Fasten ...? Nein, das ist ein Fasten, wie ich es liebe (Jes 58,5f.). Zum Fasten gehören: Fesseln des Unrechts lösen, Hungrigen Brot austeilen, Güte und Erbarmen zeigen, im Herzen nichts Böses gegeneinander planen, untereinander die Wahrheit sagen ... (Jes 58,5–8, Sach 7,1–10. 8,16–19). Fasten als sinnlose Erfüllung religiöser Pflichten mit äußerlichen Demuts- und Klagegebärden oder zusätzliches Fasten, um die eigene Leistungsfähigkeit darzustellen, sind ohne innere Veränderung eine leere Hülle. Die Propheten wollen damit die Werke der Barmherzigkeit nicht über das Fasten, die Buße oder gar die Verehrung Gottes stellen. Vielmehr geht es ihnen darum zu sagen, daß mit dem Fasten allein die Umkehr nicht aufhören darf, sondern sie muß im zwischenmenschlichen Lebensalltag sich immer neu bewähren. Fasten heißt nicht Kasteien oder griesgrämig schauen, sondern Fasten soll zur Freiheit führen, soll das Joch bei sich und anderen Menschen lösen.

In vielen Texten des AT über mehrere Jahrhunderte verteilt entdecken wir daher immer wieder freiwilliges Fasten, Beten und Almosengeben als die zentralen Bestandteile jüdischer Frömmigkeit, der Gerechtigkeit im Umgang untereinander und der Gottesbeziehung. Es ist der Verdienst der Propheten, den Stellenwert und Sinn des Fastens sowohl in seiner religiösen als auch sozialen Dimension, durch ihre Kritik an einem religiös-pflichtgemäßen Fasten ohne Umkehr im Volk Israel, gegen alle anderen Tendenzen immer wachgehalten zu haben.

Im nächsten Abschnitt über das Fasten im Neuen Testament werden wir sehen, daß Jesus von Nazareth diese Linie der Propheten aufgreift und damit die Fastenpraxis der Pharisäer in Frage stellt. Der interessierte Leser kann sich jedoch zuvor auch in eine Auswahl der wichtigsten alttestamentlichen Texte vertiefen und sich auf die Vielfalt jüdischen Fastenverständnisses einlassen (vgl. Textzusammenstellung S. 88ff.).

4. Fasten – das Verständnis und die Praxis im Neuen Testament

Aus verschiedenen Anlässen freiwillig Fasten, das war im Christentum von Anfang an eine bekannte Praxis, deren heilende Wirkung auf Leib und Seele sehr geschätzt wurde. Vor allem die alten Kirchen- und Mönchsväter entwickelten, orientiert an neutestamentlichen Aussagen, das vorherrschende Fastenverständnis ihrer jüdischen, griechischen und römischen Umwelt weiter, korrigierten es und prägten damit eine Jahrhunderte dauernde christliche Fastentradition. So wichtig diese Entwicklung für das christliche Fastenverständnis auch sein mag, wir müssen uns erst der Frage stellen: Wie stand Jesus zum Fasten? Welche Rolle spielt »Fasten« in der Urkirche, soweit sich ihr Verständnis in den neutestamentlichen Schriften niederschlägt?

4.1 Fasten dient der Vorbereitung und Selbstfindung

Jesus bereitete sich durch ein 40tägiges Fasten in der Wüste auf seine Verkündigung der Reich-Gottes-Botschaft vor (Mt 4,1–11; Lk 4,1–13). Diese biblische Erzählung von der »Versuchung Jesu« zeigt deutlich – wenn wir den Satz ernst nehmen »er war wahrer Mensch« –, daß Jesus in dieser Situation an einem entscheidenden Abschnitt seines Lebens, seiner inneren Entwicklung als Mensch stand. In solchen entscheidenden Lebensabschnitten geraten Menschen oft in eine Krise. In eine Lebenskrise mit ihren Chancen und Gefahren, dem Menschsein ein Stück näherzukommen oder sich noch mehr äußeren Versuchungen auszuliefern. Auch der biblische Text erzählt von einer Lebenskrise Jesu und seinem harten Ringen mit sich selbst. Heute würden wir von einer »wichtigen Selbstfindungsphase« (Maria Kassel) sprechen. Deutlicher wird das, wenn wir seine Lebenssituation und die Bedeutung einiger Begriffe dieser Erzählung, in der innere Vorgänge beschrieben werden, im Zusammenhang genauer ansehen. Der Versuchungsgeschichte voraus geht die Taufe Jesu. In ihr erfährt Jesus die Annahme durch den Geist Gottes: »Das ist mein geliebter Sohn, an dem ich Gefallen gefunden habe« (Mt 3,17), hier tritt er »heraus aus der Anonymität eines durchschnittlichen jüdischen Lebens« und gewinnt »durch das Untertauchen (im Wasser des Jordans als Zeichen der Taufe, P. M.) Einsicht in seine Lebensaufgabe und Gewißheit über die Befähigung, sie zu erfüllen«[18]. Mit diesem neuen Selbstbewußtsein geht Jesus in die Wüste, um 40 Tage zu fasten.

Die Versuchung Jesu

Dann wurde Jesus vom Geist in die Wüste geführt; dort sollte er vom Teufel in Versuchung geführt werden. Als er vierzig Tage und vierzig Nächte gefastet hatte, bekam er Hunger. Da trat der Versucher an ihn heran und sagte: Wenn du Gottes Sohn bist, so befiehl, daß aus diesen Steinen Brot wird. Er aber antwortete: In der Schrift heißt es: Der Mensch lebt nicht nur von Brot, sondern von jedem Wort, das aus Gottes Mund kommt. *Darauf nahm ihn der Teufel mit sich in die Heilige Stadt, stellte ihn oben auf den Tempel und sagte zu ihm: Wenn du Gottes Sohn bist, so stürz dich hinab; denn es heißt in der Schrift:* Seinen Engeln befiehlt er, / dich auf ihren Händen zu tragen, / damit dein Fuß nicht an einen Stein stößt. *Jesus antwortete ihm: In der Schrift heißt es auch:* Du sollst den Herrn, deinen Gott, nicht auf die Probe stellen. *Wieder nahm ihn der Teufel mit sich und führte ihn auf einen sehr hohen Berg; er zeigte ihm alle Reiche der Welt mit ihrer Pracht und sagte zu ihm: Das alles will ich dir geben, wenn du dich vor mir niederwirfst und mich anbetest. Da sagte Jesus zu ihm: Weg mit dir, Satan! Denn in der Schrift steht:* Vor dem Herrn, deinem Gott, sollst du dich niederwerfen und ihm *allein* dienen. *Darauf ließ der Teufel von ihm ab, und es kamen Engel und dienten ihm.*

Matthäus 4,1–11

Vierzig – das ist zunächst eine symbolische Zahl und erinnert an Mose, der 40 Tage und Nächte auf dem Berg Sinai bei Gott weilte (Ex 34,28); an die 40 Jahre dauernde Wüstenwanderung des Volkes Israel, bevor es das gelobte Land erreichte; an Elija, der 40 Tage durch die Wüste zum Berg Horeb wanderte (1 Kön 19,1–8). Vierzig bezeichnet aber vor allem eine von Gott bemessene gute Zeit, während der ein Mensch mit sich, mit anderen oder mit Gott um eine Entscheidung oder ein Weiterkommen ringt; nach jüdischem Verständnis eine Zeit des Heils, über die Gott bestimmt.

Wüste – sie ist erstens ein Ort der Dürre und Leere, des Durstes und der Einsamkeit; sie bedeutet zweitens Bedrohung durch viele Gefahren und Nachlassen von Kräften; sie ruft drittens Zweifel und Ängste hervor, vom rechten Weg abzukommen, sie zeigt die eigene Hilflosigkeit und Ohnmacht auf; viertens ist sie seit alters her ein Ort der Ruhe und Stille, der Sammlung und Besinnung, der Konfrontation mit sich selbst und der Reifung; schließlich ist sie ein Ort der Nähe Gottes, der Gotteserfahrung, der Gottesbegegnung. Nach den Darstellungen der synoptischen Evangelien wurde Jesus vom Geist vierzig Tage lang in der Wüste umhergeführt (vgl. Lk 4,1) und erlebte die erwähnten Deutungen der Wüste. Die Aussagen: »Die ganze Zeit über aß er nichts« (Lk 4,2) bzw. »Als er . . . gefastet hatte« (Mt 4,2), weisen hin auf ein *freiwilliges religiöses Fasten,* dem sich Jesus in der Einsamkeit der Wüste zur Selbstbestimmung, zur geistigen Läuterung und zur Vorbereitung auf seine Verkündigung unterzog und an dessen Ende er verlockenden Versuchungen – die letztlich auch Gefährdungen unseres Menschseins umschreiben – ausgesetzt war.

Langes Fasten und die Lebensbedingungen in der Wüste haben Jesus körperlich geschwächt. So erlebt er nicht nur Kräfte, die sein Selbstbewußtsein für die zukünftige Aufgabe stärken, vielmehr steigen auch »in der Versuchung destruktive Kräfte aus seinem Innern ins Bewußtsein«[19], die seine Sendung gefährden. Durch äußerliches Fasten auch innerlich ausgehungert, in der weiten, öden und menschenleeren Wüste auch innerlich allein, verlassen und leer, nutzt der diabolos (griechisch heißt das: der Verwirrer) seine Chance, um Jesus in innere Verwirrung zu stürzen. Er wird in den Versuchungen mit sich selbst – mit seinen Schattenseiten und mit Gott – konfrontiert und muß seine persönliche Entwicklung als Mensch und seine von ihm erkannte Bestimmung als »geliebter Sohn« einer Prüfung in der Wüste unterziehen. Durch ein freiwilliges Fasten befreit von körperlichem Ballast, geistig und seelisch eingestimmt auf die Begegnung mit Gott (»erfüllt vom Heiligen Geist« Lk 4,1), widersteht er diesen Gefährdungen nicht nur, sondern zeigt einen Weg auf, wie wir in wichtigen Lebenssituationen, in »Zeiten der Wüste«, damit umgehen und uns menschlich weiterentwickeln können.

4.2 Fasten zur rechten Zeit, Fasten in Erwartung

Jesus wirkte aus der Kraft, die er aus der Bewährung in der Versuchungssituation und in der Begegnung mit Gottes Geist fastend in der Wüste schöpfen konnte. Doch während seines öffentlichen Wirkens galt er nicht als Faster. Er wurde gar als »Fresser und Säufer« (Lk 7,34) beschimpft und gefragt: Warum fasten deine Jünger nicht? (Mt 9,14). Die Frage enthält einen Tadel; denn hier werden die Jünger Jesu und indirekt auch er kritisiert, weil sie – außer an den allgemeinen jüdischen Fasttagen – nicht wie die Pharisäer und Jünger des Täufers zusätzlich fasten. Bekanntlich stand für Jesus das Hauptgebot der Liebe über allen anderen Verboten, Gesetzen und Riten. Er fragte nach ihrem Sinn und inwiefern sie in der konkreten Situation dem Gebot der Liebe entsprachen oder entgegenstanden. Dementsprechend antwortete er auch auf die ihm gestellte Frage nach dem Fasten seiner Jünger: »Können denn die Hochzeitsgäste trauern, solange der Bräutigam bei ihnen ist? Es werden aber Tage kommen, da wird ihnen der Bräutigam genommen sein; dann werden sie fasten« (Mt 9,15). Jesus kritisiert hier das von den Pharisäern im Sinne eines Lohndenkens (vgl. auch Lk 18,12) praktizierte Fasten und zeigt gleichzeitig den Sinn des Fastens für Christen auf.

Nach jüdischem Verständnis (vgl. oben Seite 23) drückten die Menschen einerseits durch das Fasten eine Trauer über ihre Verfehlungen gegenüber Gott aus und hofften auf seine Barmherzigkeit, andererseits galt das Fasten als vorzüglicher Weg zur Gestaltung der Gottesbeziehung. Wenn nun Jesus seine Jünger nicht zum Fasten auffordert, dann hat sich für

ihn die Situation mit seinem Dasein verändert. »Die Zeit ist erfüllt, das Reich Gottes ist nahe« (Mk 1,15). Jetzt ist keine Zeit der Trauer, sondern Zeit des Heils. Daher können seine Jünger jetzt nicht fasten. Fasten sie, handeln sie unzeitgemäß. Doch es werden Tage kommen – nach Kreuzestod und Auferstehung –, dann werden seine Jünger wieder fasten. Doch dieses Fasten hat dann einen neuen Sinn. »Es ist nicht mehr so sehr Trauer und Buße, als ein Fasten in Erwartung des kommenden Herrn. Es hat eschatologische Bedeutung. Im Fasten bekennen die Christen, daß das Heil noch nicht so da ist, daß sie ganz davon durchdrungen sind. Sie strecken sich im Fasten nach diesem Heil aus, damit sie immer mehr von der Freude erfüllt werden, die Christi Kommen für sie bedeutet, die Freude, daß der Bräutigam mit ihnen Hochzeit feiert.«[20]
Hier ist auch der tiefere Sinn des Fastens und der christlichen Fastenzeit als Vorbereitungszeit zu sehen: Als die Zeit, in welcher der Mensch, mit sich selbst konfrontiert, sich prüft, entdeckt und neu orientiert in der Erwartung der Feier des Osterereignisses, der Auferweckung des gekreuzigten Jesus von Nazareth durch Gott, den Vater.

4.3 Fasten – Beten – Teilen

Schon im Alten Testament finden wir diese drei besonderen Formen eines gottgefälligen Lebens. »Es ist gut, zu beten und zu fasten, Almosen zu geben und gerecht zu sein« (Tob 12,8). Auch Matthäus verbindet im 6. Kapitel der Bergpredigt Almosen geben (V. 1–4), Beten (V. 5–15) und Fasten (V. 16–18) miteinander. Zunächst aber beschreibt er abschreckendes Verhalten, welches bei Gott nichts einbringt. Dann wird positives Handeln aufgezeigt, das stets mit der Verheißung endet: ». . . und dein Vater, der das Verborgene sieht, wird es dir vergelten.« Fasten beruht, ebenso wie Beten und Almosen geben, wir sagen heute dazu lieber »mit anderen teilen«, auf einer freiwilligen Entscheidung des einzelnen. Doch Christen sollen sich auch in der Gesinnung beim Fasten von anderen unterscheiden. Sie sollten ihr Fasten nicht als große Leistung bzw.

Vom Fasten

Wenn ihr fastet, macht kein finsteres Gesicht wie die Heuchler. Sie geben sich ein trübseliges Aussehen, damit die Leute merken, daß sie fasten. Amen, das sage ich euch: Sie haben ihren Lohn bereits erhalten. Du aber salbe dein Haar, wenn du fastest, und wasche dein Gesicht, damit die Leute nicht merken, daß du fastest, sondern nur dein Vater, der auch das Verborgene sieht; und dein Vater, der das Verborgene sieht, wird es dir vergelten.

Matthäus 6,16–18

---

in Erwartung irgendwelcher Anerkennung vor den Menschen oder vor Gott herausstellen, sondern im Verborgenen und mit frohem Gesicht fasten.
Fasten, beten und mit anderen teilen werden auch in der Urkirche als Einheit und als bedeutende Weise der Nachfolge Jesu gesehen und gelebt. Dabei nimmt das Fasten – so die Erfahrung der Urkirche – eine zentrale Rolle ein. Fasten ermöglicht dem einzelnen zunächst sich selbst, seine Wünsche und Bedürfnisse, seine Stärken und Grenzen zu erkennen. Er wird aber auch sensibler für die seelischen und leiblichen Bedürfnisse des Nächsten und bereiter, mit ihm zu teilen. Im Gebet – sei es Bitte, Anbetung, Buße, persönliches Gespräch mit Gott . . . – bekennt der Faster, daß er auf Gottes Hilfe angewiesen ist und nur aus ihm heraus leben kann. Mit frohem Gesicht fasten, das mag im Einzelfall schwer sein. Doch Fasten, das zeigt der Textzusammenhang im 6. Kapitel der Bergpredigt und die von der Urkirche gelebten Verbindungen »Fasten – Beten – Teilen«, ist kein isoliertes Tun. Das belegt auch in anschaulicher Weise der Text S. 26 aus dem 5. Jahrhundert. Diese Grundpfeiler christlichen Glaubens und Lebens sollten daher auch in die praktische Gestaltung von Fastenwochen eingehen.
In den Evangelien des Matthäus, Markus und Lukas wird auf das Fasten nur an wenigen Stellen (ebenso in anderen Schriften des NT bzw. im Johannesevangelium überhaupt nicht) eingegangen. In den wenigen Textstellen (die wichtigsten wurden vorgestellt, und eine Zusammenstellung findet der Leser auf

Fasten – Beten – Barmherzigkeit[21]

Es gibt drei Tätigkeiten, durch die der Glaube Festigkeit gewinnt, die Hoffnung erstarkt und die Tugend sich bewährt: das Gebet, das Fasten und die Barmherzigkeit. Was das Gebet anstrebt, erlange das Fasten, lasse empfangen die Barmherzigkeit! Gebet, Barmherzigkeit und Fasten, diese drei bilden nur eines. Sie geben einander das Leben. Denn die Seele des Gebetes ist das Fasten. Das Leben des Fastens ist die Barmherzigkeit. Niemand reiße sie auseinander! Sie dürften nicht voneinander getrennt werden. Wenn man nur eines von diesen drei hat oder sie nicht miteinander übt, hat man nichts. Wer also betet, der faste! Wer fastet, der übe Barmherzigkeit! Wer wünscht, daß seine Bitte gehört werde, muß auf den hören, der ihn bittet! Die Ohren Gottes öffnet seinem Ruf, wer die seinen dem nicht verschließt, der ihn um Hilfe fleht! Der Fastende verstehe das Fasten: wer selbst wünscht, daß Gott Verständnis für seinen eigenen Hunger habe, der habe Verständnis für den, der Hunger leidet! Barmherzig sei, wer auf Barmherzigkeit hofft!

Petrus Chrysologus, Bischof von Ravenna
(etwa 433–450)

Seite 91 f.) entdecken wir zum einen keine einheitliche Fastenlehre Jesu, zum anderen spüren wir bei näherer Betrachtung, daß sich in diesen Texten die Auseinandersetzung Jesu und der Urkirche mit der Fastenpraxis des Judentums seiner Zeit, vor allem mit den Pharisäern, niederschlägt. Gemeinsam ist allen biblischen Befunden jedoch ein »freiwilliges Fasten«, für das sich der einzelne je nach Situation, ohne einem Leistungsdenken anzuhängen, entscheidet.
Dieses Fasten dient der Reinigung an Leib und Seele, der Umkehr und der Neugestaltung seiner Beziehungen zu Menschen und zu Gott, denn »das ist ein Fasten, wie ich es liebe: die Fesseln des Unrechts zu lösen, die Stricke des Jochs zu entfernen ... Deine Gerechtigkeit geht dir voran, die Herrlichkeit des Herrn folgt dir nach« (Jer 58,6 und 8b). Damit jedoch greifen die neutestamentlichen Fastentexte ein verschüttetes jüdisches Fastenverständnis auf und geben ihm einen bedeutenden Platz in der Verkündigung Jesu.

4.4 Fasten als Spiegel zur Standortbestimmung

In dem bekannten Gleichnis vom Pharisäer und Zöllner (Lk 18,9–14 / vgl. Text S. 92), wird ein weiteres, schon in der Versuchungsgeschichte bei Jesus selbst sichtbares Verständnis vom Fasten deutlich. Fasten als Spiegel – in dem ich erkenne, wie es mit mir steht. Dazu müssen wir die beiden Gestalten, den Pharisäer und Zöllner, genauer ansehen. Beide gehen in den Tempel, um zu beten. Der Pharisäer stellt sich vor Gott. Seine aufrechte äußere Haltung entspricht seinem inneren Empfinden. Er fühlt sich aufrichtig und als ein vor Gott richtig Handelnder. Dementsprechend muß er sich auch zeigen, sich aufrecht vor Gott sehen lassen und ihm danken, »daß ich nicht so wie andere Menschen bin, ... auch wie dieser Zöllner dort« (V. 11). Der Pharisäer lebt in dem Selbstbewußtsein: »Ich und Gott auf der einen Seite, die übrigen Menschen (...) auf der anderen«[22]. Er will etwas gelten vor Gott, und damit er besser dasteht, wertet er andere Menschen ab. Psychologisch gesprochen wird hier deutlich, daß sein Bestreben nach Geltung einhergeht mit Minderwertigkeitsgefühlen. Er braucht den weit hinten stehenden, demütigen, aber schlechten und zu verdammenden Zöllner, um sich vor Gott darstellen zu können. Seine innere Haltung wendet er nach außen und zählt zu seiner Rechtfertigung vor Gott auch das Fasten auf: »Ich faste zweimal in der Woche und ...« (V. 12). Er leistet mehr, als das Gesetz verlangt. Er stellt sich und seine Leistung vor Gott heraus. Im Blick auf das Fasten könnte das auch heißen: »Gott, ich faste, schau, ich wehre mich gegen die Hunger- und Durstgefühle meines Körpers, ich kämpfe gegen meine oft starken Triebe und meine schwache Natur. Das mußt du doch anerkennen«.
Jesus hält nichts von dieser Art vorzeigbaren »Leistungsfastens«, denn am Ende des Gleichnisses heißt es über den Zöllner im Tempel: »Dieser kehrt als Gerechter nach Hause zurück« und über den Pharisäer: »der andere nicht« (V. 14). Dieser Satz kann mißverstanden werden in dem Sinne, als müßten alle wie der bußfertige und demütige Zöllner

herumlaufen. Vielmehr hält Jesus in den Gestalten des Pharisäers und Zöllners seinen Zuhörern nicht einfach ein negatives und positives Bild vor Augen, sondern in *beiden* Gestalten lädt er sie ein, wie in einen Spiegel zu schauen, sich selbst anzusehen und zu fragen: Wie steht es mit mir? Fasten taugt nicht als vorzeigbare Leistung. Fasten im Sinne der biblischen Texte ist eine Einladung, im Spiegel des Gleichnisses Jesu neu zu erkennen, wer ich bin, wo ich stehe, was ich sein will und neu zu entdecken: wo kann ich mich orientieren, was trägt mich, wie kann ich leben?

Dieses Verständnis finden wir auch in anderen neutestamentlichen Schriften. Während Paulus das Fasten als eine von mehreren Möglichkeiten aufzählt, in denen er sich in der »Zeit der Gnade« und in der Erwartung auf das Kommen des Herrn als »Gottes Diener« erweist (2 Kor 6,45), wird in der Apostelgeschichte (13,2.3) »Fasten« als Akt der Selbstbesinnung, der geistigen Standortbestimmung, und damit kommt ein weiterer Akzent hinzu, als Vorbereitung auf eine wichtige Entscheidung verstanden. Fasten unterstützt die Reinigung an Leib und Seele, konfrontiert den einzelnen mit sich selbst, und so leer geworden, kann er in Gottesdienst und Gebet auf Gottes Wort neu hören und es annehmen. Im Fasten und Beten stimmt man sich ein auf das, was Gott von einem will; durch die Handauflegung wird die Sendung zum Verkündigungsdienst zeichenhaft sichtbar. Fasten, Geistmitteilung und Beauftragung zur Verkündigung gehören zusammen. Noch deutlicher formuliert der älteste Text außerhalb des Neuen Testaments, die Didache, die Notwendigkeit des Fastens von 1–2 Tagen vor der wichtigsten Entscheidung des erwachsenen Christen, vor der Taufe. Der Eintritt in das »neue Leben« erfordert Besinnung und Umkehr, die aber geht einher mit Gebet und Fasten. Der Täufling muß durch die Fastenübung für seine Verfehlungen Sühne leisten, erst dann kann die Geistmitteilung erfolgen.

Vorbereitung auf ein bedeutendes Ereignis geschieht durch das Fasten. Dieses Fasten beinhaltete nach biblischem Verständnis zum einen die Besinnung des einzelnen, in der es darauf ankommt, »in mir zu entdecken, was mich eigentlich hält, wovon ich im Grunde lebe«[23] und zum anderen war Fasten keine Privatsache. Es waren gemeinsame freiwillige Fasttage der Christen (Stationen = Wachtposten), in denen sie wacher als sonst auf Gott hin lebten, beteten, teilten und zum Abschluß feierten. Das taten sie nicht auf spezielle Anweisung hin, sondern freiwillig – wie Jesus in der Wüste –, um bereit zu sein für die Wiederkunft des Herrn, denn »die Zeit ist erfüllt, und das Reich Gottes ist nahe« (Mk 1,15). Daß die ersten Christen dabei die fromme Übung des Fastens mit Anschauungen ihrer Umwelt verbanden und weiterentwickelten, wird im nächsten Abschnitt aus der Geschichte des Christentums der ersten Jahrhunderte und der Väter- bzw. Mönchstradition und den ausgewählten Texten sichtbar.

Zuvor werden jedoch für den interessierten Leser in einem Exkurs einige Informationen über das sogenannte »Essener Evangelium« zusammengestellt. Es wird zunehmend in der Fastenliteratur neben den biblischen Texten, aber ohne Kommentar und Hinweis auf seine Herkunft, als »Gesundheitslehre« Jesu zitiert und damit den kanonisch-biblischen Aussagen gleichgestellt. Das aber entspricht nicht der biblischen Botschaft und dem Verständnis der Urkirche vom Sinn des Fastens.

Exkurs: Das sogenannte »Essener-Evangelium«

Manchen religiös-christlich orientierten Fastern sind die biblischen Aussagen Jesu über das Fasten zu dürftig. Sie suchen daher nach weiteren Quellen, um Aussagen und Orientierungshilfen Jesu zum Fasten zu finden. Das Unbekannte übt dabei einerseits seinen Reiz aus, und das werbende Etikett »Was nicht in der Bibel steht« oder »Was die Kirche aus der Bibel entfernt hat« weckt Neugierde und verunsichert viele Christen. Andererseits ist die Suche nach echter Jesusüberlieferung in außerbiblischen Schriften legitim, finden wir doch auch zu anderen biblischen Fragestellungen, z. B. Geburt, Kindheit oder Passion Jesu, in den »Apokryphen des Neuen Testaments« (griech. apokryphos = geheim, verborgen), auch wenn sie von der Kirche nicht in ihren

Kanon (Sammlung der Schriften des Neuen Testaments, wie sie uns heute vorliegen und die sich vom 4. Jh. ab in der Kirche als abgeschlossene und normative Hl. Schrift durchsetzten) aufgenommen wurden, wertvolle Hinweise zum Verständnis der Botschaft Jesu und über den Glauben der ersten Christengenerationen. Das vor allem deshalb, weil beide – kanonische und apokryphische Schriften – nicht selten aus denselben, zunächst mündlich überlieferten Quellen schöpften. Doch je später die als Apokryphen bezeichneten außerbiblischen Schriften (ihre Produktion nahm im Laufe des 2. Jh. erheblich zu und führte damit zu dem langen Prozeß der Klärung, was nun »echte« und »wahre« Jesustradition und apostolische Überlieferung sei und was nicht) in der heute bekannten Fassung entstanden und sich zeitlich vom Leben des historischen Jesus entfernten, um so mehr sind sie durch wundersame ausschmückende Erzählungen geprägt. Sie spiegeln die spezifischen Interessen der jeweiligen religiösen, christlichen oder häretischen Strömungen wider.

Was jedoch in den Apokryphen, aber auch in den 1947 entdeckten originalen Schriftrollen der Qumran- bzw. Essener-Gemeinde sowie den vorwiegend gnostischen Texten von Nag Hammadi (1945 entdeckt von einem arabischen Bauern in Oberägypten) aus den Anfängen des Christentums gänzlich fehlt, ist eine Fasten- und Gesundheitslehre Jesu. Dagegen meinte Edmond Szekely schon 1937 in seinem »Friedensevangelium der Essener«[24] Jesu besondere Beziehung zu den »natürlichen Heilkräften der Luft, des Lichtes, der Erde und des Wassers« in einem alten aramäischen Text aus dem 3. Jahrhundert bzw. in einer alten slawischen Version als dessen wörtliche Übersetzung erkannt zu haben. In anderen Veröffentlichungen wird das Essener-Evangelium gar als Teil des aramäischen Ur-Evangeliums aus dem 1. Jahrhundert, verfaßt vom Jünger Johannes, bezeichnet. Dementsprechend werden Auszüge dieses sogenannten »Essener-Evangeliums« in der neueren Fastenliteratur unter Schlagworten wie z. B. »Jesus, der Fastenheiler« oder »Das Fastenvorbild der Essäer«[25] seitenweise und sehr unkritisch zitiert. Die Zitate aus Schriften des Neuen Testaments und die aus dem sogenannten »Essener-Evangelium« werden nebeneinander gestellt. Ohne Hinweise auf die Unterschiede beider Quellen wird der Eindruck erweckt, hier spreche immer der Jesus der uns allen bekannten Evangelien. Jesus tritt hier als Lehrer der Gesundheit mit Belehrungen für die »Reinigung des Körpers« und eines naturnahen Lebens auf und verkündet, daß die Engel der Erdenmutter den suchenden Menschen beistehen, wenn sie die Gesetze der Gesundheit und des vollkommenen Lebens erfüllen. Diese Gesetze finden sie in Tieren, Pflanzen und vor allem in sich selbst. Die Unterschiede zum Evangelium des Johannes und zu den Synoptikern (Mt, Mk, Lk) im Blick auf das Fasten, das Selbstverständnis Jesu von seinem Auftrag, sein Gottesbild von Gott als Vater und sein Gesetzesverständnis sind deutlich erkennbar.

Das »Essener-Evangelium«, dessen Ursprünge und Herkunft im dunkeln liegen, spielte jedoch in der christlichen Tradition und in der wissenschaftlichen Forschung – auch der, die sich mit den essenischen, gnostischen und esoterischen Einflüssen und Entwicklungen beschäftigt – überhaupt keine Rolle. Weder in den Sammlungen neutestamentlicher Apokryphen noch in einschlägigen Sammlungen der erwähnten neueren Textfunde befindet sich ein »Essener-Evangelium«. Alle Nachforschungen deuten darauf hin, daß es sich hier um eine in der Geschichte unwirksame und vorwiegend zusammenphantasierte Erzählung des Lebens Jesu etwa aus dem 5. Jh. handelt, die dem Jünger Johannes zugeschrieben wurde und die auch von der gesamten religiösen Umwelt gleich als Fälschung erkannt und nicht ernstgenommen wurde. In den ersten Jahrhunderten war es üblich, sogenannte Evangelien mit dem Namen eines Apostels zu benennen. Die jeweiligen Verfasser wollten an seiner Autorität teilhaben und damit die Echtheit der darin enthaltenen Worte Jesu belegen. Doch Wunschdenken und leitendes Interesse der (des) Verfasser(s) verfälschen auch im vorliegenden Text die Botschaft des Jesus von Nazareth in ihrem Sinne, indem sie, wie viele andere vor oder neben ihnen, »vorgaben, alte Offenbarungen und Traditionen zu bieten«[26] und Jesus als Lehrer der wahren Gesundheit vor den »Essener« auftreten lassen. Ein kritischer Leser erkennt bei vergleichendem Lesen mit dem kanonischen Johannesevangelium sehr deutlich die Unterschiede zum sogenannten »Essener-Evangelium«. Beide Evangelien können nicht vom gleichen Verfasser bzw. aus dem Überlieferungskreis des Apostels Johannes stammen. Besonders deutlich werden die Gegensätze am Verständnis von Gott als »Erdenmutter« (Essener-Evangelium) und als Vater (Joh 15,1.9.23; 16,3.23 u. ö.). Da die Interessenvertreter des neu verbreiteten Essener-Evangeliums seine historischen Ursprünge nicht belegen können, argumentieren sie zunächst mit dem Pauschalurteil, die Worte des Neuen Testaments von heute seien »schrecklich verstümmelt und entstellt« worden und die Herausgeber hätten sich entschlossen, die »reinen ursprünglichen Worte Jesu zu veröffentlichen ...« Dann steigern sie sich in diffamierende Aussagen über die Menschen in Italien und in anderen Mittelmeerländern sowie deren Stellung zu Tieren hinein, die von diesen als »seelenloses Ausbeutungsobjekt betrachtet« würden und bezeichnen schließlich mögliche Kritiker als verstockt, die nicht fähig seien, die Wahrheit zu erkennen, denn »wirklicher Beweis liegt innen, nicht außen«[27].

Das »Essener-Evangelium« wird von der umfangreichen Essener- und Qumranforschung nicht wahrgenommen. Warum? Gibt es solch ein Evangelium nicht? In allen einschlägigen Textsammlungen der Funde von Qumram finden wir keines. Die Befürworter des »Essener-Evangeliums« nehmen die Erkennntnis dieser Forschung auch nur selektiv auf und deuten sie in ihrem Sinne. Allgemein anerkannte Ansicht ist es, daß Jesus vom Gedankengut und der messianischen Hoffnung bzw. Bewegung seiner Zeit allgemein und speziell der Essener beeinflußt war und ihnen nahestand. Doch Jesus war kein Essener. Die wichtigsten Gegensätze zwischen Jesus und den Qumran-Essenern sind heute eindeutig folgende:

a. Die Essener verstanden und lebten die mosaischen Gesetze noch strenger als die Pharisäer. Die Treue zum Gesetz und seine wörtliche Erfüllung war ursprünglich einer der Gründe, warum sie sich vom Tempel lossagten und in die Wüste gingen. Dagegen belehrte Jesus die Menschen nie (vgl. dagegen die Belehrungen Jesu im sogenannten »Essener-Evangelium«) oder zwang sie nie unter das Gesetz. Vielmehr stellte er den Glauben, die Freiheit und die Verantwortung des Menschen über rituelle und sinnwidersprechende Gesetzeserfüllung.

b. Während die Essener größten Wert auf Reinhaltungsgebote und rituelle Genauigkeit legten, heilt Jesus Kranke öffentlich am Sabbat, hält Mahlgemeinschaft mit Zöllnern und Sündern ... »Der Sabbat ist für den Menschen da, nicht der Mensch für den Sabbat« (Mk 2,27).

c. Die Essener sonderten sich ab und lebten in einer klosterähnlichen Gemeinschaft in der Wüste. Sie sollten sich in keine Streitgespräche mit »Männern der Verderbnis«, d. h. den Priestern des Tempels, den Pharisäern u. a. einlassen. Jesus dagegen stritt mit Pharisäern, war bei ihnen und Zöllnern zu Gast und verkündete keine Geheimbotschaft, sondern seine befreiende Botschaft vom Kommen des Reiches Gottes bot er öffentlich *allen* ohne Ausnahme an. Er lehrte sie in Synagogen sowie auf den Wegen und Straßen Galiläas und Jerusalems.

d. Jesus lehnte den Tempeldienst nicht ab, wie die Qumran-Essener. Er vertrieb Geldwechsler und Händler (Mk 11,15–17 par.) aus dem Tempel, weil er ihn als heiligen Ort und Haus des Gebetes verstand.

Wenn Jesus durch seine Verkündigung, sein Eintreten für den Menschen und sein Verhalten schon die liberalkonservativen Pharisäer gegen sich aufgebracht hatte, um wieviel mehr noch die torafanatischen Qumranleute. Das Gesetz ist für Jesus nicht mehr der einzige Weg zu einem »gottgefälligen Leben«[28]. Damit aber werden auch die Widersprüche zum sogenannten »Essener-Evangelium« sichtbar, das vom Zentrum des Evangeliums, der »Reich-Gottes-Botschaft« wegführt und unter Berufung auf Jesus als Heilslehrer eine einseitige, überhöhte und gesetzesorientierte »Gesundheitslehre« verkündet, in der das Fasten eine Rolle spielt, die es bei Jesus nie hatte (vgl. vorangegangene Überlegungen). Denn das ist nicht das freiwillige, eigenverantwortliche und ganzheitliche Fasten, »wie ich es liebe« (Jes 58,6). Zu diesem aber sind Christen immer neu eingeladen, um ihre Gottes- und Menschenbeziehungen zu bedenken, Fehlverhalten zu erkennen, umzukehren und ihr Leben neu zu orientieren.

5. Fasten in den ersten Jahrhunderten der Christenheit und in der katholischen Kirche heute

Die ersten Christen lebten in der Erwartung, daß die Wiederkunft Christi, ihres auferweckten Herrn, noch zu ihren Lebzeiten bevorstehe. Aus diesem Verständnis heraus gestalteten sie ihr Leben als Nachfolge Jesu. Dazu gehörte wesentlich auch das Fasten, nicht als Trauerfasten, sondern als »Fasten in Erwartung«, da »ihnen der Bräutigam genommen« (Mt 9,15) war, aber wieder komme. Fasten erkannten sie als einen Weg, sich und den Willen Gottes besser zu erkennen, sich vom bisherigen Leben abzuwenden, Buße zu tun und so mit Leib, Geist und Seele frei zu werden für Christus. Dieses grundsätzliche Ziel wurde auch nicht in Frage gestellt, als die Wiederkunft Christi sich immer mehr hinauszog und die ersten Christen starben (vgl. 1 Thess 4,13). Vielmehr entwickelte sich – und das können wir in vielen Schriften und Predigten der Kirchenväter und später der Mönche nachlesen – eine breite Praxis des Fastens auf der Grundlage des alt- und neutestamentlichen Verständnisses und unter Einbeziehung mancher philosophischer Erkenntnisse aus der Umwelt. Die »altkirchliche Fastenlehre« verstand unter »christlichem Fasten« einerseits die Abstinenz, d. h. den Verzicht auf bestimmte Speisen für immer oder auf gewisse Zeit sowie das *eigentliche Fasten,* d. h. die Enthaltung von fester Nahrung zu bestimmten Zeiten (ein oder mehrere Tage). Innerhalb dieses Rahmens entfaltete sich in den ersten christlichen Jahrhunderten keine systematische Theologie des Fastens, aber eine reichhaltige Fastenpraxis, die sich auszeichnete durch eine geringe Zahl von Fastengeboten, wenig Ermahnungen, die Hochschätzung eines freiwilligen Fastens in Erinnerung an das Osterereignis, die Bezüge zur Gemeinschaft und die tragende Verbindung im Lebensalltag mit Gebet und Werken der Barmherzigkeit[29]. Dabei wurden die Gefahren des Fastens im Alltag, z. B. Überheblichkeit, erkannt; gesehen wurde aber auch, daß das Fasten seelische Kräfte auslösen kann, »die den Kontakt mit der Überwelt begünstigen«[30].

Es würde hier zu weit führen, die interessante und vielfältige altkirchliche Geschichte des Fastens nachzuzeichnen, z. B. das Paschafasten (zunächst 1 Tag, später 2 Tage vor der nächtlichen Osterfeier), das Wochenfasten als Statio am Mittwoch und Freitag (im Gegensatz zu den jüdischen Fasttagen montags und donnerstags), das zusätzliche Fasten am Freitag und Samstag, das Tauffasten (1–2 Tage) und Bußfasten, wobei letzteres sich zur 40tägigen Fastenzeit entwickelte. Wichtiger und hilfreicher erscheint es, einige ausgewählte Texte kennenzulernen, in denen die leitenden Vorstellungen und Ziele christlicher Fastenpraxis (weniger das Abstinenzfasten, mehr das eigentliche Fasten) sichtbar werden. Diese sind zitiert ohne nähere Erläuterungen, aber versehen mit einer Überschrift, in der das bzw. eines der Ziele des Textes deutlich wird. Im Anschluß daran werden einige Grundzüge des kirchlichen Fastenverständnisses heute skizziert. Aus dem Vergleich mit der Tradition kirchlicher Fastenpraxis kann der aufmerksame Leser selbst seine Folgerungen und seinen Beitrag zur Wiederbelebung christlichen Fastens, z. B. im Rahmen von Fastenwochen in Gemeinden, erkennen.

5.1 Fasten in ausgewählten Texten der Kirchenväter und in der Mönchstradition bis ins 12. Jahrhundert

Fasten – Was es bewirkt und für Christen bedeutet[31]

Die zentrale Erfahrung des Fastens war die heilende Wirkung auf Körper und Geist, Leib und Seele. Diese Erfahrung nahmen die Christen aus ihrer Umwelt und den biblischen Ursprüngen auf. Gesetzliche Fastenvorschriften spielten dabei anfänglich keine Rolle. Wichtig war ein freiwilliges Fasten, durch das der Mensch sich mit seiner Natur, seinem Leib, aber auch mit seinen Leidenschaften und Gedanken konfrontierte, damit auseinandersetzte und die heilende Wirkung an Leib und Seele erlebte. Körperliches Fasten war immer auch geistiges und religiöses Fasten. Nicht nur der Leib, auch der Geist wirft alte Fesseln ab. Fasten bedeutete: frei und offener werden an Leib, Geist und Seele, sich neu in die Beziehung zu Gott, den Menschen und zum eigenen Leben zu stellen.

a. *Fasten wirkt umfassend*
Siehe da, was das Fasten wirkt. Es heilt die Krankheiten, trocknet die überschüssigen Säfte im Körper aus, vertreibt die bösen Geister, verscheucht verkehrte Gedanken, gibt dem Geist größere Klarheit, macht das Herz rein, heiligt den Leib und führt schließlich den Menschen vor den Thron Gottes ... Eine große Kraft ist das Fasten und verschafft große Erfolge.

Athanasius, Bischof v. Alexandrien (4. Jh.)

»Fasten reinigt den Geist, erhebt den Sinn, unterwirft das Fleisch dem Geist, macht das Herz zerknirscht und gedemütigt ...«

Augustinus (4. Jh.)

b. *Fasten als Speise der Seele*
Das Fasten ist die Speise der Seele. Wie die körperliche Speise stärkt, so macht das Fasten die Seele kräftiger und verschafft ihr beweglichere Flügel, hebt sie empor und läßt sie über himmlische Dinge nachdenken, indem es sie über die Lüste und die Freuden des gegenwärtigen Lebens erhaben macht. Wie leichte Fahrzeuge das Meer schneller durchqueren, schwerbelastete Schiffe aber untergehen, so macht das Fasten die Gedanken leichter.

Johannes Chrysostomus (4. Jh.)

c. *Fasten – Freude des Körpers und Kraft des Geistes*
Das Fasten ist der Tod für die Sünde, aber das Leben für die Tugend. Das Fasten ist Friede für den Körper, die Zierde der Glieder, der Schmuck des Lebens. Es ist die Kraft des Geistes, die Stärke der Seelen. Es ist die Schutzmauer der Keuschheit, das Bollwerk der Reinheit, die Burg der Heiligkeit. Das Fasten ist die Schule der Tugenden, die Lehrerin aller Wissenschaft, die Zucht aller Zucht. Das Fasten ist das Heilmittel auf dem Lebenswege des Christen ...

Petrus Chrysologus, Bischof von Ravenna (etwa 433–450)

d. *Nicht fasten, um vor den Menschen gut dazustehen*
Auch jenen ist das Fasten gefährlich, die dabei nach Menschenlob haschen und durch eitle, prahlsüchtige Blässe den Ruf der Heiligkeit erstreben. Sie haben, erklärt das Wort des Evangeliums, ihren Lohn bereits in der Gegenwart. Und der Herr verabscheut durch den Propheten ihr Fasten: »Ist denn das ein Fasten, wie ich es liebe, wenn ...«

Johannes Cassian (Mönch des 4./5. Jh.)

e. *Zweck des Fastens*
Fasten dient hauptsächlich drei Zwecken: *Erstens* der Unterdrückung der Begierden des Fleisches ... *zweitens* dient (das Fasten) dazu, daß der Geist sich freier zur Betrachtung hoher Dinge erhebt ... *drittens* (dient das Fasten dazu) für die Sünden genugzutun.

Thomas von Aquin (12./13. Jh.)

f. *Fasten setzt Grenzen in Bewegung*
Zuerst wird nur der Mangel gefühlt: dann verschwindet das Verlangen nach Nahrung und kommt, je nach der Kraft und Reinheit der betreffenden Natur, durch eine lange Reihe von Tagen nicht wieder ...
Zugleich geht beim Fasten etwas Innerliches vor sich. Der Körper wird gleichsam aufgelockert. Der Geist wird freier. Alles löst sich, wird leichter, Last und Hemmung der Schwere werden weniger empfunden. Die Grenzen der Wirklichkeit kommen in Bewegung:
Der Raum des Möglichen wird weiter. Der Geist wird fühliger. Das Gewissen wird hellsichtiger, feiner und mächtiger. Das Gefühl für geistige Entscheidung wächst ...

Romano Guardini (1943)

Fasten im Einklang mit Gebet und Nächstenliebe[32]

Fasten, das sahen wir schon in den biblischen Texten, ist einer der drei Grundpfeiler jüdischer Frömmigkeit und christlichen Glaubens; es wurde aber nie allein, sondern immer im Zusammenspiel mit »Gebet« und »Almosengeben« verstanden. In den hier ausgewählten Texten finden wir daher Aussagen über die Einheit dieser drei (vgl. dazu auch den Text von Petrus Chrysologus, 5. Jh., Seite 33), über die Bedeutung des Fastens für das Gelingen der beiden anderen, schließlich die unterschiedlichen Meinungen über eine Rangordnung der drei untereinander. Letzteres mag man als Theologenstreit abtun, doch die zentrale vorbereitende und läuternde Wirkung des Fastens »als der Grundlage der Tugend« (Hieronymus), als Verstärkung des Gebetes (vgl. bibl. Texte) oder als Voraussetzung, um überhaupt mit anderen teilen zu können, wird deutlich z. B. im Bericht (im Jahr 128) des Philosophen Aristides an Kaiser Hadrian, wo es heißt: »Gibt es unter ihnen einen Armen, der unterstützt werden muß, dann fasten sie zwei bis drei Tage lang und pflegen ihm die Nahrung zu schicken, die sie für sich selbst zubereitet hatten.«[33] Der Begriff »Almosen geben« liegt uns heute nicht mehr. Wir sprechen lieber vom »Teilen« oder Nächstenliebe. Doch gerade in den älteren Texten meint »Almosen geben« mehr als nur milde Gabe. Es fordert vielmehr den Einsatz, den ganzen Menschen für den anderen, meint konkrete Dinge und hilfreiches Handeln. Freiwilliges Fasten schafft dazu und zum Gebet die besten Voraussetzungen.

a. *Teilen als wesentliches Ziel des Fastens*
Beim Fasten, das du beobachten willst, halte es so: Fürs erste hüte dich vor jedem bösen Wort und jeder schlechten Begierde und halte dein Herz rein von allen Eitelkeiten dieser Welt. Wenn du dies beobachtest, wird dein Fasten vollkommen sein. Dabei sollst du es also machen: Zunächst erfülle, was geschrieben steht; dann sollst du an diesem Tag nur Wasser und Brot zu dir nehmen. Von den Speisen, die du sonst an diesem Tag genießen würdest, sollst du die Höhe der Auslagen für den in Betracht kommenden Tag berechnen und diesen Betrag einer Witwe oder Waise oder einem Bedürftigen geben und so dich bescheiden ...

Der Hirte des Hermas: Gleichnisse 5,1–3 (2. Jh.)

b. *Durch Fasten fähig zum Teilen*
Wenn einer nichts (zu geben) hat, faste er und bringe seinen Brüdern das, was er an jenem Tag ausgegeben hätte. Wenn du aber Reichtümer besitzest, komm ihnen nach deinen Möglichkeiten zuhilfe oder gib ihnen sogar alle deine Vorräte!

Didaskalia (Anf. 3. Jh.)

Denn Barmherzigkeit, Geduld, Liebe oder die Gebote der obengenannten Tugenden, worin allerdings ein Ungutes ist, sind nicht wegen des Fastens zu bewahren, sondern umgekehrt, das Fasten um ihretwillen. Man muß sich Mühe geben, daß jene Tugenden, die wahrhaft gut sind, durch Fasten erworben werden.

Johannes Cassian (Mönch des 4./5. Jh.)

c. *Fasten heilt eigene Übersättigung und Hunger des anderen*
Eine große Zahl von Nackten und Obdachlosen hat uns die gegenwärtige Zeit gebracht ... Diesen komme zu Hilfe, der du fastest. Sei freigiebig gegen die unglücklichen Brüder. Was du deinem Bauch entziehst, das laß dem Hungrigen zukommen. Deine Gottesfurcht zeige sich gerecht, indem sie gleichmäßig verteilt. Heile durch weise Enthaltsamkeit zwei einander entgegengesetzte Zustände: deine Übersättigung und den Hunger des Mitbruders. So machen es auch die Ärzte: bei den einen wenden sie entleerende, bei den andern verstopfende Mittel an, damit durch Zusatz oder Entziehung die Gesundheit eines jeden wieder hergestellt werde.

Gregor v. Nyssa (4. Jh.)

d. *Nächstenliebe steht über dem Fasten*
Barmherzigkeit, Geduld, Nächstenliebe und die Tugenden, von denen der Prophet spricht (Isaias 58) und die wesentlich gut sind, dürfen nicht dem Fasten untergeordnet werden. Im Gegenteil muß das Fasten sich ihnen unterordnen und nur dazu dienen, sie zu erwerben. Es ist das Werkzeug und nicht das Ziel. Die Abtötung des Fleisches, die Härten der Enthaltsamkeit sind nur ein Mittel, um zur Nächstenliebe zu gelangen, die unter allen Umständen das unverrückbare und unabhängige Gut ist.

Johannes Cassian (Mönch des 4./5. Jh.)

e. *Fasten führt zum Gebet*
So wie das Licht eine Freude ist für ein gesundes Auge, so ist müßiges Fasten eine Voraussetzung für das Gebet. Tatsächlich wird man, sobald man begonnen hat zu fasten, unmittelbar im Geiste dazu gedrängt, mit Gott ins Gespräch einzutreten. Ein Körper, der fastet, kann es nicht ertragen, die ganze Nacht auf seinem Lager zu verbringen, denn das Fasten drängt ganz naturgemäß dazu, in Gesellschaft Gottes zu wachen, nicht nur bei Tage, sondern sogar des Nachts. Der Leib eines Menschen, der fastet, hat keine große Mühe, gegen den Schlaf anzukämpfen. So schwach

seine Sinne auch sein mögen, wacht doch zumindest das Herz: es ruft nach Gott. Gewiß ist es besser, die von Fasten herrührende Schwäche hindert uns am Arbeiten, als die Last der üppigen Nahrung.

Isaak von Ninive (7. Jh.)

f. *Fasten gibt dem Beten Zuversicht*
Ich will euch etwas sagen, was ihr leicht verstehen werdet und oft erlebt habt, wenn ich mich nicht täusche: das Fasten gibt dem Beten Zuversicht und macht es glühend ... Das Gebet erlangt die Kraft zu fasten und das Fasten die Gnade zu beten. Das Fasten stärkt das Beten, das Beten stärkt das Fasten und bringt es vor den Herrn.

Bernhard v. Clairvaux, 4. Fastenpredigt 1 (13. Jh.)

Fasten für Leib und Seele zwischen Freiheit und Regelung[34]

Freiwilliges Fasten gehörte, wie die vorangegangenen Texte deutlich zeigten, zum Leben eines Christen, denn »das Fasten ist älter als das Gesetz« (Basilius der Große). Doch von Anfang an entstanden auch bestimmte gemeinsame Formen des Fastens, die aus entsprechenden Anlässen ohne große Vorschriften das Leben in den christlichen Gemeinden mitgestalteten, z. B. das Tauffasten (nicht nur die Täuflinge, sondern auch Christen, die ihn begleiten wollten) u. a. Je mehr sich das Christentum ausbreitete, um so mehr verstärkte sich die Tendenz, bestimmte »Fastenzeiten« einheitlich zu regeln, z. B. Fastentage in der Woche, vor dem Pascha, vor der Taufe, zur Buße ..., was letztlich ab dem 4. Jahrhundert zu ersten kirchlichen Regelungen, z. B. für die »40 Tage Fastenzeit«, vor allem im Bereich der Ostkirche (im Westen ab 6./7. Jh.) führte. Unabhängig von der Tendenz einer einheitlichen Regelung, fasteten die Christen auch aus anderen Anlässen und Gründen, z. B. für andere, für den Frieden, im Kampf gegen Fehler und Leidenschaften ... Ihr Ziel, nämlich das Mühen um ein »gottgefälliges« Leben, blieb jedoch gleich. Die dabei gesammelten Erfahrungen gingen im Laufe der Jahrhunderte (vor allem ab Gregor dem Großen, Papst von 590–604) in die lateinische Liturgie ein:

a. *Fasten reinigt das Herz*
Ein Alter sagte: »Wer sich den Bauch mit Speise und Trank füllt, vernachlässigt das Gebet und kann keinen Krieg gegen seine Gedanken führen. Der Hunger und das Wachen reinigen das Herz von schlechten Gedanken und den Körper von den Angriffen des Feindes, um daraus die Wohnung des Heiligen Geistes zu machen.«

Vaterspruch aus der Mönchstradition

b. *Fasten als Taufvorbereitung*
»Vor der Taufe soll der Täufer und der Täufling und die es sonst noch können, fasten. Du sollst aber dem Täufling befehlen, einen oder zwei Tage vorher zu fasten.«

Didache (2. Jh.)

Alle, die überzeugt sind und glauben, daß diese unsere Lehren und Worte wahr sind, und die versichern, daß sie danach zu leben vermögen, werden belehrt, zu beten und unter Fasten von Gott die Nachlassung der früheren Sünden zu erflehen, indem wir mit ihnen beten und fasten.

Justin (2. Jh.)

c. *Fasten heißt, Gottes Gesetze beachten*
Gott will ein solches Fasten (Stationsfasten) nicht ... Halte aber dem Herrn ein Fasten in folgendem Sinne: Tue nichts Böses in deinem Leben und diene dem Herrn mit reinem Herzen; halte seine Gebote, indem du wandelst in seinen Gesetzen ..., auf diese Weise wirst du ein rechtes, Gott wohlgefälliges Fasten halten.

Der Hirte des Hermas (2. Jh.)

d. *Verordnetes Fasten*
»Eure Fasten aber sollen nicht mit den Heuchlern sein. Sie fasten nämlich am zweiten und fünften Wochentage. Ihr aber fastet am vierten und am Freitage.«

Didache (2. Jh.)

»Da nun die Väter sich des Schadens bewußt waren, der aus dem gedankenlosen Hinzutritt erwuchs, kamen sie zusammen und bestimmten 40 Tage für Fasten, Gebete, Anhören (sc. des Wortes Gottes) und Zusammenkünfte, damit wir in diesen Tagen alle, sorgfältig geläutert durch Gebete, Almosen, Fasten, Nachtwachen, Tränen, Buße und all das andere, soweit es in unseren Kräften steht, mit reinem Gewissen hinzutreten.«

Johannes Chrysostomus (4. Jh.)

e. Wenn dich nun ein Jude oder Grieche (= Heide) fragt, weshalb du fastest (sc. 40 Tage), so sage nicht, es sei wegen des Pascha, auch nicht wegen des Kreuzes, da du ihm sonst viel Angriffsmöglichkeit bietest.

Denn wir fasten ja wirklich nicht wegen des Pascha und auch nicht wegen des Kreuzes, sondern wegen unserer eigenen Sünden; denn das Pascha ist kein Grund zu Fasten und Trauer, sondern zu Freude und Jubel. Das Kreuz hat nämlich die Schuld hinweggenommen.

Johannes Chrysostomus (4. Jh.)

f. *Fasten stiftet Frieden*
Wenn aber alle Völker den Rat des Fasten annähmen, um ihre Fragen zu regeln, würde nichts mehr verhindern, daß tiefster Friede in der Welt herrsche; die Völker würden nicht mehr gegeneinander aufstehen, und auch die Heere würden einander nicht in Stücke hauen. Es würden an abgelegenen Straßen keine Wegelagerer auf der Lauer liegen, in den Städten gäbe es keine Denunziation mehr und auf der See keine Seeräuber. Unser ganzes Leben wäre nicht in so hohem Grade von Stöhnen und Seufzen erfüllt, wenn das Fasten es regelte. Das Fasten würde alle lehren, die Liebe zum Geld, zu überflüssigen Dingen und im allgemeinen die Neigung zu Feindseligkeiten aufzugeben.

Basilius der Große (4. Jh.)

g. *Im Fasten wirkt Gott*
Durch das leibliche Fasten unterdrückst Du die bösen Leidenschaften, erhebst Du den Geist und spendest Tugendkraft und Lohn.

Fastenpräfation (ca. 7. Jh.)

h. *Fasten macht aufnahmefähiger*
In Christus wird der Glaube derer, die fasten, genährt, die Hoffnung gefördert, die Liebe gestärkt. Er ist das wahrhafte und lebendige Brot, die Speise der Ewigkeit, die Nahrung der Tugend. Denn Sein Wort, durch das alles erschaffen worden, ist das Brot nicht nur für die Menschenseelen, sondern auch für die Engelsgeister. Dank diesem Brot hat Moses, Dein Diener, vierzig Tage und Nächte gefastet, um das Gesetz zu empfangen. Er hat sich der irdischen Nahrung enthalten, um für die Wonne des Geistes aufnahmefähiger zu sein.

Fastenpräfation aus der ambrosianischen Liturgie

i. *Fasten als Heilmittel*
Die Würde der menschlichen Natur wurde durch die Unmäßigkeit verletzt. Der Verzicht möge ein Heilmittel zur Wiederherstellung sein.

Kirchengebet am Donnerstag der fünften Fastenwoche

k. *Ist Fasten geboten?*
»Gebote werden nicht für freiwillige Werke gegeben; diese fallen vielmehr unter den Rat. Das Fasten ist ein freiwilliges Werk; denn sonst müßte es überall und immer gleichmäßig beachtet werden. Also fällt Fasten nicht unter ein Gebot.«

Thomas von Aquin (13. Jh.)

5.2 Fasten in der Kirche heute

Otto Buchinger stellt in seinem Vorwort zu Régameys Buch »Wiederentdeckung des Fastens« die Frage: »Ist nicht unsere Kirche die eigentliche Hüterin des echten Fastens, welches auch das Heilende in sich schließt?«[35] Seiner Meinung nach habe die Kirche in den letzten Jahrhunderten dieses »urchristliche Heilmittel« wie einen Schatz im Acker vergraben und vergessen. Ärzte, Vertreter der Naturheilkunde und Sportler hätten diesen Schatz heute neu im alten Acker der Kirche entdeckt. Doch er gehöre der Kirche und »sie *muß* nunmehr Anspruch auf ihn erheben«[36]. Denn, so sein Bekenntnis im »Gutachten über das Heilfasten« (1959 für die Deutschen Bischöfe), »Ich kenne keinen kürzeren, besseren Weg, die vermeidbaren Schäden der modernen Lebens- und Ernährungsweisen kennenzulernen und zu verhindern, als das urchristliche Heilmittel, das Lieblingsmittel der Großen in Welt- und Kirchengeschichte, das richtige, vollgültige Fasten«.[37] Diese Aussagen beinhalten Kritik und Hoffnung. Kritik an einer Kirche, die Sinn und Praxis des Fastens im Laufe der Jahrhunderte vergessen bzw. auf ein Minimum reduziert hat. Aber auch Hoffnung, daß die Kirche dieses »urchristliche Heilmittel« neu belebt und seine Bedeutung nicht nur als Heilmittel, sondern auch als »ein Vorbeugemittel, ja sogar eine Lebensschule«[38] wiedererkennt und fördert.
Warum wurde das altkirchliche Fasten immer mehr reduziert oder gar vergessen? Die Gründe sind nach Régamey u. a. sehr vielfältig. Sie gehen weit in die Geschichte zurück und beginnen mit dem Einfluß des griechisch-römischen Denkens, das Leib und Seele voneinander trennte. Fasten wurde einseitig als geistige Haltung und Kampf gegen das »Fleisch des Lebens« verstanden. Während man immer mehr

das körperliche Fasten vernachlässigte oder gar verächtlich bewertete, verschwand auch der Sinn des Fastens. Bis in unsere Zeit können wir diese einseitige Vergeistigung des Fastens erleben, die unter anderem auch »zu einer neuen Materialisierung geführt hat. Das Fasten wurde wirtschaftlich vereinnahmt. Es schlug sich in jährlich steigenden Spendenergebnissen der bischöflichen Hilfswerke nieder«[39], mit dem Christen – bei allem Positiven, was mit diesen Mitteln geleistet wird – nicht selten ihr Gewissen mit einem sogenannten »Fastenopfer« besänftigen. Einen weiteren Grund finden wir im Bemühen des Menschen (vgl. z. B. in der einseitigen Ausrichtung auf naturwissenschaftliches, zweckorientiertes und technologisches Denken), die ganze Wirklichkeit zu erfassen, zu analysieren und rational erklären zu wollen. Dabei jedoch versickerte das Verständis für Symbole, alte Erzählungen, bildhafte Sprache und Mystik. Fasten mit Leib und Seele aber »gehört zu den symbolischen Wirklichkeiten, die man tötet, wenn man sie analysiert«[40]. Oder wie es heute Drewermann formuliert: »Was wir brauchen ... ist, daß wir den Wirklichkeitsbegriff ändern müssen, dem wir in der Neuzeit unterliegen. Wir sind bis in die Gewohnheit des Denkens und Fühlens dahin erzogen worden, unter Wirklichkeit *die* Dinge zu verstehen, die wir in Raum und Zeit objektiv beobachten und nach rationalen Gesetzen erklären können ... Die Wahrheit jedoch ist, daß es Wirklichkeiten gibt, die so niemals unterzubringen sind – und das gerade sind die religiösen Wahrheiten.«[41]
Im Blick auf ein ganzheitliches Fasten heißt das, man muß sich erst einmal wieder darauf einlassen und es erleben. Das in den letzten Jahren neu aufgebrochene Interesse für Märchen, religiöse Geschichten, Symbole und Mystik steuert einseitig rationalem Denken entgegen und erschließt damit neue Zugänge, das Fasten mit Leib, Geist und Seele zu erleben.
Schließlich trug wesentlich zum Zerfall des altchristlichen Fastenverständnisses das sich ausbreitende Gesetzesdenken bei. Das religiöse Leben, speziell das Fasten, wurde, sobald das Christentum zur Staatsreligion erhoben war (im Jahr 384), in den folgenden Jahrhunderten immer mehr nach einheitlichen Vorschriften mit Geboten, Verboten und Bestrafungen geregelt. Dabei taten sich im Laufe der Jahrhunderte die Moralisten im Dienste der Kirche besonders hervor. »Sie stellten einerseits einen langen Katalog von Fastenforderungen auf, andererseits entwickelten sie ein ausgeklügeltes System (Dispens, P. M.), diesen Forderungen nicht entsprechen zu müssen. Die Verlogenheit ist offenkundig und wird schließlich entlarvt.«[42] Doch dabei ging das Verständnis für den Sinn und Wert des Fastens verloren, auch wenn die Kirche bis heute an der »vierzigtägigen Fastenzeit« sowie am Aschermittwoch und Karfreitag als »strenge Fasttage« (genauer Abstinenztage mit einmaliger Sättigung) festgehalten hat. Seit dem II. Vat. Konzil (vgl. Liturgiekonstitution 109, 110) und im Gefolge der Würzburger Synode (Schwerpunkte heutiger Sakramentenpastoral, 2. und 3.) ist ein Bemühen um den Sinn des Fastens festzustellen, und der Bußgedanke wurde in den Mittelpunkt gerückt. In den »Weisungen zur kirchlichen Bußpraxis« (jährlich veröffentlicht in den Amtsblättern jeder Diözese in der BRD), wird aber auch die Einheit von Gebet, Verzicht und Werken der Nächstenliebe dargestellt oder der freiwillige Verzicht auf Essen, Trinken und Rauchen ... mit einem Gewinn der »neuen Freiheit für Gott, für den Menschen neben uns und gegenüber den eigenen Wünschen und Bedürfnissen« (vgl. Textauszüge Seite 92 ff.) begründet. Auch wenn hier mit Fasten in der Regel »Abstinenz von ...« bzw. »Beschränkung von Nahrung auf eine Tagesmahlzeit« gemeint ist (seit 1918 im kirchlichen Kodex so fixiert), so wird doch deutlich: »Das Fasten als allgemeine Pflichtübung ist gestorben und man darf hinzufügen: es ist nicht schade darum.«[43] Fasten aber als freiwillige und eigenverantwortliche Entscheidung ist heute gefragt. Ob Abstinenz oder volles Fasten – freiwillig und als Christ aus dem Glauben an den auferweckten Jesus Christus heraus gestaltet – ist eine Chance, sich mit Körper, Leib, Geist und Seele zu erleben und zu erneuern. Darin liegt für Christen ein tieferer Sinn des freiwilligen und ganzheitlichen Fastens, nämlich aus dem Glauben heraus zu fasten und »durch Fasten glauben lernen«[44]. Wie nah oder fern der einzelne der Kirche

steht oder wie gläubig er sich einschätzt, alle sind eingeladen, diese Chance aufzugreifen und mit dem Fasten auch Schritte des Glaubens (wieder) zu versuchen.
Aus biblischer und historischer Sicht spielte das Fasten im Christentum und in der katholischen Kirche bis heute eine Rolle. Unser Blick zurück zeigte zum einen eine bemerkenswerte Variationsbreite zwischen individuellem und gemeinschaftsbezogenem, freiwilligem und verbindlichem, flexiblem und starrem Fastenverständnis. Zum anderen wurde deutlich, daß die Kirche mehr zur Praxis eines freiwilligen und gesunden Fastens beizutragen hat, als gemeinhin bekannt ist. Sie muß nur den vergrabenen Schatz freilegen und seinen Sinn entfalten, um zum einen manchen Gefahren und Mißverständnissen (z. B. Fasten ist »in«, Magersucht, Fasten als Mittel zur Ekstase ...) entgegenzusteuern und zum anderen freiwilliges Fasten als ein »christliches Heilmittel« für alle, die wollen und können, wiederzubeleben. Denn »das Fasten ist der Friede für den Körper ..., die Kraft für den Geist, die Stärke für die Seele ... Das Fasten ist das Steuer des menschlichen Lebens« (Petrus Chrysologus, 5. Jh.).

6. Fasten – für Gesunde, für Kranke, als Heilfasten?

Im Gefolge eines anwachsenden Interesses am Fasten stellen sich für jeden Veranstalter, Fastengruppenleiter und Faster immer neu die Fragen: Warum möchten so viele Interessenten fasten? Wer darf überhaupt bei einer Fastenwoche fasten? Geht es hier um das »Heilfasten« oder übersteigt Fasten die Kompetenz und Möglichkeiten einer Kirchengemeinde, eines Bildungswerkes oder anderen Veranstalters? Was meint »Heilfasten«? Über diese zentralen Fragen sollte sich zum einen jeder Veranstalter und Fastengruppenleiter selbst Klarheit verschaffen und seine Grenzen erkennen, zum anderen ist es seine Pflicht, die Interessenten an seinem Fastenangebot eindeutig zu informieren und ihnen Entscheidungshilfe zu geben. Die folgenden Überlegungen wollen dazu anregen und einige Aspekte zur Orientierung vorstellen.

6.1 Beweggründe und Widerstände

Ist Fasten gerade Mode? Wenn wir auf den Bücher- und Zeitschriftenmarkt schauen, dann müßten wir diese Frage bejahen, denn »Schlankmacher-Rezepte« haben dort Konjunktur. Auch die Wochenzeitung DIE ZEIT bestätigt: »Die Bundesdeutschen haben das Fasten entdeckt« (1. 3. 85). Was bewegt die Menschen zu fasten? Zunächst ist allgemein zu beobachten, daß die Interessenten von der »Gesundheitswelle« sowohl im positiven Sinne (z. B. Ernährungsverhalten überprüfen) als auch durch deren konsumorientierte (z. B. jede Diätwelle mitmachen) Begleiterscheinungen beeinflußt sind und daher Fastenangebote gerne annehmen. Wir bemerken sehr schnell, daß Menschen aus sehr unterschiedlichen Motiven oder einige gar aufgrund eines ganzen »Motivbündels« fasten wollen (vgl. mögliche Motive, Seite 60). Oft aber sind die Beweggründe gerade den »Erst-Fastern« sehr unklar, und sie konkretisieren sich erst im Verlauf der Fastenwoche bzw. bei wiederholtem Fasten. Vielfach spüren wir hinter den vordergründigen Motiven eine Sehnsucht nach Freiwerden von krankmachenden Beschwerden, von festgefahrenen Lebensgewohnheiten, von Essen, Trinken, Fernsehen, Konsum ... und eine Suche nach Sinn und Orientierung für Körper, Geist und Seele. Daher erscheint es sinnvoll zu beachten, aus welchem Motiv bzw. Motivbündel der einzelne seine Entscheidung für ein Fasten in einer Gruppe trifft. Wir sollten diese Motive sehen, sie jedoch nicht überbewerten. Letztlich kommt es darauf an, die dahinter verdeckte Sinnsuche und Sehnsucht der Menschen zu erkennen. Über ein freiwilliges Fasten und einer entsprechenden inhaltlichen Gestaltung einer Fastenwoche können sie sensibler werden für ihre Lebensgestaltung und ihre Beziehungen zu Mit-

mensch, Schöpfung und Gott. Geschieht das, dann entdecken sie an sich selbst die heilende Wirkung des Fastens für Leib und Seele.
Fastenwillige finden nicht nur Unterstützung, sondern stoßen auch auf vielfältige Widerstände (vgl. mögliche Widerstände, Seite 61) in Form von Unverständnis, Ängsten, Mißtrauen oder Ablehnung in der näheren Umgebung. Aber auch bei manchen öffentlichen Meinungsmachern (z. B. im schon erwähnten Spiegel-Artikel) unter Berufung auf die medizinische Forschung; bei noch vielen Ärzten als Vertretern der klassischen Schulmedizin und letztlich bei sich selbst. Z. B. die ängstlichen Fragen: »Halte ich das durch?« »Stehe ich dann als Versager da?« »Stimmt es vielleicht doch, was die Gegner des Fastens behaupten?« Daher ist zunächst eine breite Aufklärung durch medizinische Informationen auch bei einem »Fastenangebot für Gesunde« (vgl. nächster Abschnitt und inhaltliche Stichworte zu einer Informationsveranstaltung, Seite 55) unbedingt notwendig. Eine weitere Hilfe ist – soweit möglich – die begleitende Beratung durch einen fastenerfahrenen Arzt, von denen es leider noch zu wenig gibt. Die religiösen Beweggründe und Ziele müssen offengelegt, jedoch dürfen die medizinischen Informationen dadurch nicht vernachlässigt werden.
Viel schwieriger für den Faster sind die Reaktionen der näheren Umwelt, in der Familie oder Nachbarschaft, am Arbeitsplatz oder anläßlich einer Einladung bzw. beim Besuch eines Festes während der Fastenzeit. Aussagen wie »Das hast Du doch nicht nötig«, »Ach, Du Ärmster. Du fällst noch ganz vom Fleisch«; oder wenn der Ehepartner nicht damit einverstanden ist und anfänglich auftretende Schwierigkeiten mit seinen abwertenden Kommentaren verstärkt ... Eine wesentliche Unterstützung bei solchen Anfechtungen sind die Mitfaster, die Fastengruppe und der Fastengruppenleiter. Das bestätigen uns zahlreiche Rückmeldungen von Fastern: Die täglichen Gruppentreffen und Gespräche über sich und ihre Fastenerfahrungen, Meditationen und Entspannungsübungen, die Gespräche über religiöse Themen ... Das alles hat sie bestärkt durchzuhalten. Hier zeigt sich die Bedeutung der Gruppe für den Faster, und gleichzeitig ergeben sich daraus Anforderungen an jeden Veranstalter und Fastengruppenleiter von Fastenwochen (vgl. S. 59f.).

6.2 Freiwilliges Fasten für Gesunde oder Heilfasten?

Wer sich etwas in der Literatur über Fasten umsieht, stößt sehr schnell auf den undifferenziert oder einseitig verwendeten Begriff des »Heilfastens«. In manchen Fällen entsteht der Eindruck, der Buchtitel »Heilfasten« wird als auflagesteigernder Werbeträger genutzt, da er diffus die Sehnsucht der Menschen nach Gesundheit, nach »heil sein« aufgreift oder weil es gerade »in« ist, oder ... Doch geklärt wird nichts. Das gilt leider auch für Autoren, die den Sinn christlichen Fastens wiederbeleben wollen und den Begriff »Heilfasten« ohne seine unterschiedlichen Aspekte benutzen. Die oberflächliche, ja fast gefährliche Verwendung wird deutlich in Zitaten wie z. B. »Heilfasten ist die positive Form des Fastens« oder »Der ausschlaggebende Punkt, mich zurückzuziehen und ein Heilfasten zu machen, war für mich letztlich der Blick auf die Waage nach der Weihnachtszeit«[45]. Die Motive des Abnehmens, der Entschlackung u. a. finden wir häufig, und sie sind durchaus ehrenwert. Sie werden »dem eigentlichen Heilfasten jedoch nicht gerecht«[46].
Für O. Buchinger (jun.), und er steht damit in der Tradition seines Vaters, ist »Heilfasten« ein übergeordneter Begriff, der die Erfahrungen und Wirkungen des gesundheitlichen und religiösen Fastens verbindet. Vom Wortstamm »heil« ergeben sich vier Aspekte:

- das medizinische Heilen von Krankheiten (curare),
- das Heilen an Leib und Seele im Sinne eines ganzheitlichen Gesundheitsverständnisses (integritas),
- das dem Menschen von Gott zugesagte Heil (salus),
- das vom Weltlichen abgegrenzte Heilige (sanctum)[47].

Fasten in diesem umfassenden Sinne, in dem Körper, Geist und Seele gleichzeitig geheilt werden, ist

ein Ideal auch der alten christlichen Fastentradition, und nur ihm sollte nach Buchinger der Begriff »Heilfasten« zugeordnet werden. Sollten wir dann überhaupt noch von Heilfasten sprechen?
Der Fastenarzt Lützner unterscheidet sehr deutlich zwischen:

- *»Heilfasten für Kranke,* das vorwiegend in einer Fastenklinik geschehen sollte, denn Heilfasten »ist gleichzeitig ein tiefer, wenn auch ungefährlicher Eingriff in den Stoffwechsel, es betrifft jede einzelne Zelle, jedes Blutgefäß, jedes Organ. Zudem markiert es einen drastischen Einschnitt in lebenslange Ernährungsgewohnheiten ...« Dazu braucht es den »erfahrenen Fastenarzt«, ein »ausgebildetes Mitarbeiterteam« und eine »ausgereifte Didaktik der Fastenführung«.
- *»Fasten für Gesunde«,* das in eigener Verantwortung in Gruppen oder allein mit einem schriftlichen Fastenbegleiter erfolgt.[48]

Für die praktische Arbeit ist diese Unterscheidung durchaus hilfreich, und bei der Zulassung von Interessenten zu einer »Fastenwoche für Gesunde« ist sie für uns ein wichtiges Kriterium. Dennoch bleiben Fragen. Wird mit der Formel »Heilfasten = Fasten für Kranke« der Begriff »Heilfasten« nicht reduziert auf die Aspekte, eine Krankheit heilen (medizinischer Aspekt) und heilen an Leib und Seele (psychosomatisch-ganzheitlicher Aspekt)? Wenn beides in einer Fastenkur erreicht wird, ist das ein unbestreitbarer und begrüßenswerter Erfolg und für das »Heil« bzw. die weitere Lebensgestaltung des betroffenen Menschen eine tragende Erfahrung. Doch die religiöse Dimension kommt beim »klinischen Heilfasten« in der Regel nicht zur Sprache. Ein neues Verständnis der Wirklichkeit, das offen ist für religiöse Wahrheiten (vgl. oben Seite 36f.) fehlt noch. Hier liegt vielleicht auch eine Grenze einer *öffentlichen* Fastenklinik vor. Können wir dann aber von »Heilfasten« im umfassenden Sinne sprechen? Auch ein »Fasten für Gesunde«, das die religiös-christliche Dimension des Fastens einbringt, sollte nicht von »Heilfasten« sprechen. Bei dieser Art des Fastens werden keine Krankheiten im medizinischen Sinne geheilt und gerade das hohe religiöse Ziel des Fastens als »Heil bzw. Medizin für Leib und Seele« birgt in sich auch Gefahren, z. B. der Leibfeindlichkeit (vgl. in der Kirchengeschichte der Fastenführer Tertullian), der Überheblichkeit, einer gewissen Lebensverneinung, die kein Raum für schönes Essen, Fest und Feiern läßt u.a.m.[49]
So bleibt als Folgerung die Anregung: Es sollte eindeutiger unterschieden werden zwischen einem »Fasten für Kranke« (in einer Fastenklinik) und »Fasten für Gesunde« (während einer Fastenwoche in Gruppen oder allein). »Heilfasten« wäre dann der übergreifende Begriff und auf die wenigen Situationen zu beschränken, in denen wirklich die wesentlichen obengenannten Dimensionen des Wortstammes »heil« in der Praxis zusammenkommen. Diese Unterscheidung ist keine Zuweisung der verschiedenen Dimensionen des Fastens auf eine bestimmte Ausgangssituation des Fastens und seiner Begleiter, sondern eine Einladung, in den jeweils gesetzten fachlichen Grenzen, möglichst viel Aspekte eines ganzheitlichen Fastens zum »Heil« des Menschen zu berücksichtigen, in die Gestaltung der jeweiligen »Fastenzeit« durch qualifizierte Mitarbeiter einzubringen und den Fastenden zu helfen, an sich selbst die heilenden Wirkungen des Fastens an Leib und Seele, Körper und Geist zu entdecken. Letztlich geht es, wie in vielen biblischen Erzählungen, vor allem aber in den sogenannten Heilungswundern Jesu, darum, daß der einzelne Mensch sich den Widerständen seines Lebens stellt, eine Antwort findet auf die therapeutische Frage »Was soll ich dir tun?« (Mk 10,51). Ja, daß er während des Fastens in der Begegnung mit sich, den anderen und Gott die Redeweise der Bibel »Blinde sehen, Lahme gehen, Aussätzige werden rein ...« (Mt 11,5) im übertragenen Sinn an sich selbst erfährt: wieder sehen bzw. etwas neu sehen, aufstehen und neue Wege gehen, sich freier fühlen und entscheiden können, wieder offen reden, anderen und mir etwas zutrauen ... Wenn diese Erfahrungen als eine Frucht des Fastens im alltäglichen Leben des Menschen spürbar werden, dann können gläubige Christen auch sagen: Er erlebt damit ein Stück des ihm von Gott zugesagten Heils (salus). Dann, aber nicht nur dann, ist Fasten keine Mode, sondern wirkt »heilend« auf Leib und Seele des Menschen.

7. Fasten – Essen – Feste feiern

Zum Jahreswechsel, Geburtstag oder zu einem anderen Fest wünschen wir uns gegenseitig »vor allem Gesundheit«. Dieser Wunsch ist ehrlich gemeint, doch betrachten wir die Fülle und Art des Essens sowie das Eßverhalten anläßlich solcher Feste, dann ist die Erfüllung des Wunsches zumindest »fragwürdig«, wenn nicht gar zweifelhaft. Hier bestätigt sich nicht selten das, was wir bei einem Blick nur in einige der unzählbaren Veröffentlichungen über den Gesundheitszustand der Menschen in den Industrieländern finden: alarmierende Überschriften (z. B. Krank durch Wohlstand) und Statistiken zu verschiedenen Zivilisationskrankheiten und vor allem Berichte über den Feind Nummer eins, unsere falschen Ernährungsgewohnheiten.

So steht zum Beispiel hinter der Aussage »Wir essen uns krank«, die weithin gesicherte Erkenntnis, daß unsere heute übliche Ernährungsweise aus einer übermäßigen Kalorienzufuhr, zu hohen Fettgehalten, zu vielen Eiweißen (vor allem an tierischem Eiweiß) und überwiegend denaturierten Nahrungsmitteln (z. B. Weißmehl, Zuckerraffinade ...) besteht. Als Folgen solcher falscher Ernährung werden u. a. aufgezeigt: Übergewicht als Gesundheitsrisiko, Herz-Gefäß-Erkrankungen, Zuckerkrankheiten und andere Stoffwechselstörungen, Erkrankungen der Verdauungsorgane ...

Fasten, das wurde oben (vgl. Seite 18ff.) schon aufgezeigt, gilt aufgrund vieler Erfahrungen für die Fastenärzte als wirksames Heil- und Vorbeugemittel, aber auch als *die* Chance, bisherige Ernährungsgewohnheiten zu überdenken, abzubauen und richtig essen zu lernen. Dazu gehört vor allem auch eine Umstellung auf naturbelassene Nahrung, d. h. auf Vollwertkost, deren Prinzipien in allen Vollwertkochbüchern nachlesbar sind.

Vollwertkost ist die der Natur des Menschen entsprechende Nahrung, die ihn mit allem Lebensnotwendigen versorgt. Richtig essen lernen, d. h. auch: Fasten und Essen gehören zusammen, ebenso wie wir uns kein Fest ohne schön und gut zubereitetes Essen vorstellen können. Ebenso wäre es nach manchem Festessen sinnvoll, zu fasten und zu warten, bis sich wieder der Hunger einstellt. Fasten, Essen, Feste feiern – wir sollten das nicht gegeneinander ausspielen. Abschließend wollen wir über einige ihrer Bezüge zueinander im menschlichen und christlichen Alltag nachdenken. Denn es gibt auch hier die Einsicht des Predigers Kohelet: »Alles hat seine Stunde. Für jedes Geschehen unter dem Himmel gibt es eine bestimmte Zeit« (3,1), auch für das Fasten und Genießen, für das Essen und Feiern von Festen. Alles zu seiner Zeit, »denn alles, was Gott geschaffen hat, ist gut, und nichts ist verwerflich, wenn es mit Dank genossen wird« (1 Tim 4,4), doch es soll nicht »maßlos« geschehen (Röm 13,13).

7.1 Fasten und Essen

»Wer das Essen nicht ehrt, ist des Fastens nicht wert« (N. Brantschen). Diese Umgestaltung eines bekannten Sprichwortes greift biblische Gedanken auf, idealisiert das Fasten nicht, sondern gibt ihm neben dem Essen, Trinken und Feiern einen Platz im menschlichen Leben. Bei Paulus finden wir beides: »... das Reich Gottes ist nicht Essen und Trinken« (Röm 14,17), aber auch nicht nur Enthaltsamkeit, denn »ob ihr also eßt oder trinkt oder etwas anderes tut: tut alles zur Verherrlichung Gottes« (1 Kor 10,31). Fasten und Essen schließen sich nicht aus, sondern beide gehören zur menschlichen Natur und Lebensweise.

Essen ist *notwendig*, da wir Nahrung benötigen, um leben zu können. Wir können nicht ständig auf Nahrung verzichten; doch wichtig wird nach dem Fasten, was wir essen und in welcher Weise wir es tun. Fasten hilft, uns von der früheren Menge und von unkontrolliertem Essen zu befreien und zu einem vernünftigen Eßverhalten zu finden. Die Volksweisheit »Essen und Trinken hält Leib und Seele zusammen« verweist zu Recht auf die Notwendigkeit der Nahrung für den Menschen, doch gilt sie nur, wenn wir die Gaben der Schöpfung wieder schätzen und maßvoll genießen. Die Volksweisheit verdeckt aber die heute weitverbreitete Gefahr, daß viele Menschen aus Mangel an Zuwendung, Anerkennung und Liebe sich durch »gutes Essen« (z. B. Schokolade oder ...) ihr Leben »versüßen«. Die Sucht nach Süßigkeiten (gleiches gilt für Alkohol, Rauchen ...) ist immer verdrängte Sehnsucht. Durch naturwidriges Essen (bzw. Rauchen ...) wird der bestehende Mangel kompensiert, wird »die Sehnsucht nach ...« durch Ersatz befriedigt. Damit aber hält Essen »Leib und Seele nicht mehr zusammen«, sondern wird zum »Seelenfutter« mit Folgen. Denn letztlich entstehen aus den psychischen Mängeln und deren Befriedigung durch unkontrolliertes Essen nach einiger Zeit körperliche Krankheiten, die nur dann erfolgversprechend zu behandeln sind, wenn deren seelische Ursachen erkannt werden. Fasten ist ein Weg, neu unsere verdrängten Sehnsüchte (Geborgenheit, Liebe, Sinn meines Handelns ...) hochsteigen zu lassen, unsere Ersatzbefriedigung (Sucht) zu erkennen und sie abzubauen.

Essen ist nicht nur notwendig, es *versammelt* vor allem Menschen um einen Tisch und *schafft Gemeinschaft*. Miteinander essen in der Familie, anläßlich eines Festes, während einer Tagung, nach gemeinsamer Arbeit ... oder mit eingeladenen Gästen, das alles sind wichtige gemeinsame Zeiten füreinander, in denen wir uns mit Leib und Seele erfahren können. »Essen ist ein Vorgang des Sammelns« (Theresia Hauser). Zur Vor- und Zubereitung werden ausgewählte Gaben der Schöpfung gesammelt, Menschen versammeln sich um den Tisch, sie sammeln Eßbares in sich hinein, und diese Versammlung läßt uns neu leben, wenn wir fähig sind, uns zu sammeln. Das heißt, wenn wir bei diesem gemeinsamen Essen ganz »da« sind, mit unserer Aufmerksamkeit und unseren Sinnen, doch nicht nur beim Verzehr der Speisen. Ebenso bedeutsam für unsere Gesundheit ist das Gespräch und der Austausch mit den versammelten Freunden, Gästen, Familienmitgliedern u. a. Dazu gehört eine Offenheit sowohl für Speis und Trank als auch füreinander im Sprechen und Zuhören, für Lachen und Freude. Sie ist wesentliche Voraussetzung für gelingendes gemeinsames Essen und Feiern eines Festes. Zum Essen gehört aber auch der Dank für die Gaben und das Zusammensein. Das weitgehend vergessene Tischgebet ist daher eine Hilfe, sich zu sammeln und sich im Dank füreinander zu öffnen. Neben dem täglichen gemeinsamen Essen (soweit das heute durch die unterschiedlichen Arbeitszeiten der Eltern und die Dauer des täglichen Schulbesuches der Kinder noch möglich ist) stiftet vor allem das festliche Essen Gemeinschaftserfahrungen. Es findet aus unterschiedlichen Anlässen statt (entsprechend dem kirchlichen Jahreskreis: Weihnachten, Ostern ... oder dem Kalenderjahr: Neujahr ... oder anläßlich menschlicher Lebenswenden: Geburt, Taufe, Hochzeit, Geburtstage ... und Beerdigung; oder aus spontanen Anlässen). Man nimmt sich füreinander Zeit, gestaltet die äußere Atmosphäre liebevoll und ruft durch diese Feiern Erinnerungen wach, gestaltet die Gegenwart und weckt Hoffnungen für die Zukunft.

Solche Anlässe zu einem festlichen Essen, in denen Vergangenheit, Gegenwart, Hoffnungen und Zukunft gefeiert werden, finden wir auch im AT und NT immer wieder. Essen bzw. gemeinsames Mahl sind hier bedeutungsvolle Zeichen: Die Befreiung Israels aus Ägypten beginnt mit einem Mahl und wird bis heute zur dankenden Erinnerung an diese Befreiung von Abhängigkeit, Gefangenschaft und Knechtschaft im Paschamahl gefeiert (Ex 12,1–80). So kann auch am Ende einer Fastenwoche das abschließende Fest als Erinnerung und Dank für die Befreiung aus mancher körperlichen und seelischen Abhängigkeit und Gefangenschaft gefeiert werden. Im NT erzählt Lukas, wie Jesus sich beim Zöllner Zachäus einlädt (Lk 19,1–10). Er feierte Mahl mit Sündern und Schriftgelehrten oder mit einem Hochzeitspaar (Kanaa) und gestaltet mit ihnen ihre Gegenwart. Sie erlebten seine Zuwendung, fühlten sich befreit und fähig zur Umkehr. Er vermittelte ihnen neue Hoffnung durch die Mahlgemeinschaft mit ihm, die schließlich in den Gleichnissen vom »himmlischen Hochzeitsmahl« (Mt 22,1–14) oder vom »verlorenen und wiedergefundenen Sohn« ihre zeichenhafte Gestalt gewinnt. Hier wird nochmals verständlich, daß für Jesus das Reich Gottes nahe ist und daher ein Fasten im Sinne des jüdischen Trauerfastens und pharisäischen Lohndenkens nicht notwendig ist. Denn er, der Bräutigam, ist da, deshalb können die Hochzeitsgäste nicht fasten (Mt 9,15). Alles hat seine Zeit und Stunde: Essen, Feste feiern und Fasten. Jesus verbindet auch sein Abschiedsgeschenk mit einem Mahl, dem Abendmahl, das wir als Erinnerung an ihn, seinen Kreuzestod und seine Auferweckung und in Erwartung der Zukunft heute noch feiern, denn »deinen Tod, Herr, verkünden wir, und deine Auferstehung preisen wir, bis du kommst in Herrlichkeit«.

Essen ist notwendig, schafft Gemeinschaft, aber gleichzeitig wollen wir es *genießen*. In der Hetze des Alltags, wenn wir an einem Kiosk oder im Schnellimbiß Würstchen, Pizza, belegte Brötchen, Schnellgerichte aller Art . . . verschlingen, sind wir unfähig, zu genießen und gefährden damit neben unserer Gesundheit auch unsere Eßkultur. Dazu gehören neben dem äußeren Rahmen vor allem auch Zeit, Muße und maßvolles Genießen des Essens. Mit dieser Formulierung wird schon auf mögliche Gefahren des Genießens hingewiesen. Die Gefahr, durch unkontrollierte und schlechte Eßgewohnheiten einen seelischen Mangel zu ersticken, wurde schon genannt. Eine weitere Gefahr besteht in unserer Konsumorientierung, die durch entsprechende Werbung gefördert wird. Hier ist die Unterscheidung zweier grundsätzlicher Haltungen in Anschluß an Erich Fromm[50] hilfreich: die des Habens und des Seins. Konsum ist die habenorientierte Zuwendung zum Essen, aber auch zu Gütern, Menschen, Kunstwerken, . . . Genuß dagegen wird vom Sein bestimmt, setzt wache Aufmerksamkeit für die Situation, innere Freiheit, Offenheit, maßvolles Handeln ein und wählt aus der Fülle der Möglichkeiten aus. Das gilt für das Essen wie für alle anderen Lebensbereiche. Unsere Nahrung neu zu genießen, dazu verhilft uns das Fasten, denn es ist mehr als nur nicht essen. Es erfaßt den ganzen Menschen mit Leib und Seele. Denn über die schon beschriebenen Wirkungen hinaus macht Fasten all unsere Sinne sensibler für das, was wir essen und trinken (falsche Ernährungsgewohnheiten, Vielfalt natürlicher Nahrung als Gabe des Schöpfers . . .), aber auch dafür, wie wir essen und trinken (Eßverhalten im Alltag, Feste feiern . . .). Genießen können wir mit all unseren Sinnen, den Duft des Essens, die feinen Geschmacksunterschiede, die Wahrnehmung der vielen, liebevoll zusammengestellten Kleinigkeiten zu einem Fest, das maßvolle Kosten der Speisen, die Atmosphäre u.a.m. Fasten vermittelt so neue Genußerfahrungen während des Fastens (z. B. beim langsamen Essen einer Gemüsebrühe) und danach, wenn wir wieder auf feste Nahrung umsteigen. Fasten befreit an Leib und Seele und hält beides gleichzeitig zusammen. Es hilft uns, wieder auf den Geschmack zu kommen – maßvoll, ernährungsbewußt, langsam, dankend und feiernd neu zu essen und zu genießen.

7.2 Fasten und Feste feiern

Essen als Fest, das können wir uns gut vorstellen und haben dazu auch schon wesentliche Aspekte genannt, aber Fasten und Feste feiern, das scheint sich gegenseitig auszuschließen. Viele Faster erleben das jedoch anders. Sie erleben zunächst das Fasten, sobald sie Umstellungs- und Anfangsschwierigkeiten überwunden haben, körperlich und seelisch als Erleichterung von Pfunden und anderen Belastungen. Sie fühlen sich freier und feiern dies auch für sich, im Gespräch mit anderen, in ihrer Offenheit zueinander u.a.m. Sie erleben aber auch das Ende des Fastens als ein Fest. Zunächst das Fastenbrechen mit dem Apfel. Sie freuen sich, daß sie diese Fastenzeit durchgehalten haben, über ihre neuen Erfahrungen mit sich selbst, ihre neue Sensibilität für sich und ihre Umgebung und ihre neuen Erkenntnisse, die ihnen nun weiterhelfen sollen, ihr Leben in den verschiedenen Bereichen neu zu gestalten. Nach der Zeit des Fastens genießen sie den ersten Apfel. Sich Zeit dafür nehmen, meditativ sich darauf vorbereiten, befühlen, riechen, hineinbeißen, langsam und oft kauen, schmecken, schlucken, . . . danken, das alles wird zu einem persönlichen Fest für den einzelnen. Zum Fasten gehört der langsame und sinnvolle Aufbau, daher beschließen wir erst nach dem 2. oder 3. Aufbautag die Fastentage mit einem festlichen Abschluß (vgl. Seite 80). Alle wesentlichen Momente eines Festes, von der Raumgestaltung über Tischgedecke, Meditation, Gespräch, gemeinsame Lieder, persönliche Beiträge, gegenseitige Wünsche, Musik, Stille bis zu zeichenhaften Handlungen u.a.m. sind enthalten. Sie wecken Erinnerungen, gestalten die Gegenwart, und in ihnen werden Hoffnungen sichtbar, wie der einzelne sein Leben in Zukunft gestalten möchte. Hier und in der folgenden Zeit erfahren wir Fasten und Feste feiern als Ergänzung. Vor allem, wenn wir die oben entfalteten Gedanken zum Essen einbeziehen. So wie wir nach einer anstrengenden Bergtour eine kräftige Suppe oder ein Glas Milch neu genießen, so schmecken nach einer Fastenzeit vor allem naturbelassene und entsprechend zubereitete Speisen wieder ursprünglicher. Sie werden zu einem festlichen und »kostbaren« Genuß.

Fasten und Fest ergänzen sich nicht nur, sie stammen auch sprachlich aus einer gemeinsamen sprachlichen Quelle. »Fest« – im Sinne von »etwas festmachen« ist auch Fasten, im Sinne von »festlegen«, im Kalender einen Tag fixieren, daraus entwickelten sich fröhliche Fest- und Feiertage[51]. Aus einer Wurzel entwickelten sich beide in verschiedene Richtungen und gehören doch zusammen. Denn zum Fest gehört eine entsprechende Festvorbereitung. Fasten ist eine zentrale persönliche Einstimmung und gemeinschaftliche Festvorbereitung in der jüdischen und christlichen Tradition. Fasten befreit von Schuld, bringt Umkehr und neue Gottesbeziehung (vgl. Nehemia 1,3.4 u. 9.1 u. Joel 2,12.13), darüber herrscht Freude. Der Faster schaut auf ein Ziel und bereitet sich fastend darauf vor (vgl. Mose, Deut 9,9.10; Aussendung zur Verkündigung, Apg 13,2.3). Die Vorfreude auf das Ereignis begleitet ihn und am Ende darf er es feiern (vgl. Taufe in Didache und bei Justin).

So kann auch Fasten heute unter veränderten Lebensbedingungen zu einer sinnvollen und hilfreichen Festgestaltung werden. Man ist geneigt hinzuzufügen: zu einer »notwendigen Festvorbereitung«. Not-wendend deshalb, weil heute die Zeit christlicher Feste überwiegend als arbeitsfreie und Urlaubs-Zeit gesehen wird und damit mehr und mehr ihr ursprünglicher Sinn verlorengeht. Kurt Koch formuliert die Situation plastisch: »Statt beispielsweise an Ostern den Exodus Israels aus der Sklavengesellschaft Ägyptens in die neue Gesellschaft durch Gott und den endgültigen Exodus Jesu aus dem Tod in das wahre Leben in der Kraft des Geistes Gottes zu feiern . . . zelebriert unsere heutige Gesellschaft allein ihren eigenen ›Exodus‹ aus den Wohngebieten und Gemeinden in die neue Gegend von Wochenend- und Ferienhäusern.«[52] Ohne entsprechende Vorbereitung geht der Sinn christlicher Feste noch mehr verloren, und es bleibt nur noch ein oft von unverständlicher Tradition und von sinnentstelltem Konsum bestimmter Rest. Fastenwochen in der Fastenzeit oder in der Adventszeit sind aber eine wiederentdeckte Möglichkeit, neu den Sinn christlicher Feste zu beleben und sowohl für die Lebensgestaltung des einzelnen wie auch einer Kirchengemeinde fruchtbar zu machen[53]. Wichtig ist, daß wir die positiven Elemente freiwilligen und ganzheitlichen Fastens aus der biblischen und christlichen Tradition wieder aufgreifen, ihnen z. B. in den Vorbereitungen des Oster- oder Weihnachtsfestkreises einen Ort geben und Menschen einladen, diese Art der Festvorbereitung miteinander neu zu erleben, auch wenn es zunächst nicht dem Trend der Zeit entspricht.

Kurt Koch[54] erzählt von einem Schweizer Zisterzienserinnenkloster, in dem seit langer Zeit ein Kreuz verehrt wird. Nach einer alten Tradition sei es *flußaufwärts* in das Kloster herangeschwemmt worden. In der Erinnerung an dieses Ereignis und in seiner jährlichen Feier wird ein zentrales Merkmal unseres Menschseins und des christlichen Glaubens sichtbar. Es wird uns zugemutet, ja wir werden aufgefordert, den Mut zu haben, ab und zu gegen den Strom zu schwimmen. Warum? Nun, weil der Weg zur Quelle nur stromaufwärts, das heißt gegen den Strom führt. Für Christen heißt das, Gott wünscht sich offenbar hier und da ein Zeichen gegen den Strom und wider den allgemeinen Trend. Solche Zeichen gegen den Trend der Zeit könnten in unserer Gesellschaft die christlichen Feste und die Vorbereitung auf sie sein. Voraussetzung dazu ist es, daß wir den Mut haben, uns wirklich darauf einzulassen, übliche Festvorbereitungen zu überprüfen und zu verändern, sich Zeit zu nehmen für sich und andere, um so gemeinsam dem ursprünglichen Sinn des Fastens nachzuspüren. Denn christliche Feste sind mehr als Unterbrechung der Arbeitszeit und Zeit zur Erholung, sie erinnern an befreiende Erfahrungen, sie fordern uns auf, die Gegenwart aktiv zu gestalten und sie vermitteln Hoffnung für die Zukunft. Im Fasten als Teil einer Festvorbereitung können wir diese elementaren Aspekte christlicher Feste wiederentdecken und einer vielfach zu beobachtenden Reduzierung christlicher Feste auf bloße Erinnerung und unverständliche Traditionselememente entgegensteuern. Der wahre Gehalt christlicher Feste besteht letztlich in der Veränderung unsres christlichen Alltags. Ohne viel Worte drückt das eine Legende aus, mit der wir diesen I. Teil abschließen:

»Simon war ein frommer Bauer. Er hatte viele Kinder und noch mehr Angestellte, die alle die Stube seines Hauses füllten. Er war betrübt, daß er so wenig allein sein konnte, um mit Gott zu sprechen und ihn zu treffen. Er verließ darum Haus und Hof und machte sich auf die Suche nach Gott. Plötzlich spürte er, daß Gott ihm ganz nahe war; es zog ihn mächtig zu einer Türe hin, auf der mit feurigen Buchstaben der Name Gottes geschrieben stand. Als er zitternd öffnete, stand er in seiner alten Stube mitten unter seinen Kindern und Angestellten.«[55]

Anmerkungen Teil 1

Textnachweis S. 13: Rechte beim Autor

1 Zitiert nach: *Stangl, Anton und Marie-Luise,* Lebenskraft. Selbstverwirklichung durch Eutonie und Zen, Düsseldorf 2/1986, S. 49

2 *Lubkoll, Hans-Georg,* Leib und Seele. Vom ganzheitlichen Denken in Bibel und Medizin, München 1988, S. 19

3 Vgl. zum Thema »Ernährung, Krankheit, Fasten« aus der Fülle der Literatur nur die folgenden Titel: *Hellmut Lützner,* Wie neugeboren durch Fasten, München 15/1984; *Gerhard Leibold,* Besser leben durch Fasten, Niederhausen/Ts. 1986; *Otto Buchinger sen.,* Das Heilfasten, Stuttgart 20/1982; *Elisabeth Niggemeyer/Hellmut Lützner,* Fasten verändert mein Leben, München 1987

4 *Niggemeyer/Lützner,* a.a.O., S. 8

5 Zitiert aus: *Heilmann, Alfons* (Hrsg.), Texte der Kirchenväter Bd. III, München 1964, S. 294

6 Vgl. dazu *Arbesmann, P. R.,* Das Fasten bei den Griechen und Römern, Gießen 1929, S. 118f. und 122

7 *Guardini, Romano,* Der Herr, Basel 1943, S. 32

8 *Leibold,* a.a.O., S. 25

9 A.a.O., S. 31ff.

10 *Buchinger, Otto,* Das Heilfasten, Stuttgart 1982, S. 47

11 Vgl. dazu das Stichwort »Fasten«, in: *König/Waldenfels,* Lexikon der Religionen, S. 173f. und *Arbesmann, P. R.,* a.a.O., S. 19ff.

12 Zitiert nach *Arbesmann,* a.a.O., S. 97

13 *Grün, Anselm,* Fasten. Beten mit Leib und Seele, Münsterschwarzach 1984, S. 16

14 Zitiert nach: *Régamey, P. R.,* Wiederentdeckung des Fastens, Wien/München 1963, S. 142

15 Zitiert nach: *Höpfer, Willi* (Hrsg.), Fasten – islamisch oder evangelisch?, Wiesbaden 1977, S. 8

16 Nach dem Talmud, zitiert bei *Régamey,* a.a.O., S. 22

17 *Rießler, Paul,* Altjüdisches Schrifttum außerhalb der Bibel, Augsburg 1928, S. 346

18 *Kassel, Maria,* Biblische Urbilder, Tiefenpsychologische Auslegung nach C. G. Jung, München 1980, S. 11

19 A.a.O., S. 12

20 *Grün,* a.a.O., S. 11ff.

21 Zitiert nach: *Régamey,* a.a.O., S. 72

22 *Schmitz, Stefan,* In Menschen der Bibel sich wiederfinden, Olten 1988, S. 76, vgl. zum ganzen Gleichnis S. 70–98

23 *Grün,* a.a.O., S. 23

24 *Székely, Edmond Bordeaux,* Das Friedensevangelium der Essener, Buch 1, Südergellersen 11/1987; *ders.,* Heliand. Evangelium des vollkommenen Lebens, München-Engelberg 1972 (übersetzt und hrsg. von *Werner Zimmermann*)

25 Vgl. *Kufner, Lore,* u. a., Fasten als Fest. Ein Werkbuch für Fastengruppen, München 1988, S. 51–54; 109f, 149, 167; *Dahlke, Rüdiger,* Bewußt Fasten, München 1985, S. 31–34, 77, u. a.

26 *Schneemelcher, Wilhelm,* Neutestamentliche Apokryphen, Bd. I: Evangelien, Tübingen 5/1987, S. 15

27 *Székely,* Evangelium des vollkommenen Lebens, a.a.O., S. 9, 49 und 50

28 *Maier, Johann/Schubert, Kurt,* Die Qumran-Essener,

Texte der Schriftrollen und Lebensbild der Gemeinde, München/Basel 1982, S. 125

[29] Vgl. *Schümmer, Johannes,* Die altkirchliche Fastenpraxis, Münster 1933, S. 1 und 224

[30] *Régamey,* a.a.O., S. 263

[31] Texte in diesem Abschnitt zitiert nach:
a. *Régamey,* a.a.O., S. 60 (Athanasius); Augustinus zitiert nach: Thomas von Aquin, Summa Theologica Bd 21, Heidelberg 1964, S. 327
b. *Heilmann, Alfons,* Texte der Kirchenväter, Bd III, München 1984, S. 293
c. *O. Bardenweher,* u. a. (Hrsg.), Bibliothek der Kirchenväter, München 1918, Bd. »P. Chrysologus«, S. 107f.
d. *Heilmann,* a.a.O., S. 283f.
e. *Th. v. Aquin,* a.a.O., S. 326f.
f. *Régamey,* a.a.O., S. 201

[32] Texte in diesem Abschnitt zitiert nach:
a. *Heilmann,* a.a.O., S. 290
b. *Régamey,* a.a.O., S. 41 (Didaskalia); *Heilmann,* a.a.O., S. 284 (Cassian)
c. *Heilmann,* a.a.O., S. 440
d. *Régamey,* a.a.O., S. 73
e. *Régamey,* a.a.O., S. 95
f. *Grün,* a.a.O., S. 40

[33] *Régamey,* a.a.O., S. 40

[34] Texte in diesem Abschnitt zitiert nach:
a. *Grün,* a.a.O., S. 29
b. *Schümmer,* a.a.O., S. 165
c. *Bardenweher,* a.a.O., Bd. Die apostolischen Väter, S. 234
d. *Schümmer,* a.a.O., S. 84 und 202
e. A.a.O., S. 202
f. *Régamey,* S. 93
g. A.a.O., S. 97
h. A.a.O., S. 98
i. A.a.O., S. 101
k. *Thomas von Aquin,* a.a.O., S. 331

[35] *Régamey,* a.a.O., S. 12

[36] A.a.O., S. 12

[37] In: *Schmal, Franz,* Kirche und Konsumgesellschaft, Goldach, S. 78

[38] A.a.O., S. 76

[39] *Grün,* a.a.O., S. 8

[40] *Régamey,* a.a.O., S. 121

[41] *Drewermann, Eugen,* Worte des Heils, Wort der Heilung, Düsseldorf 1988, S. 79

[42] *Brantschen, Niklaus,* Fasten – Gesundheitlich, Religiös, Sozial, Lausanne 1987, S. 66

[43] A.a.O., S. 68

[44] A.a.O., S. 69

[45] *Seeger, Hans-Karl,* Heilfasten – das Leben neu bedenken, Kevalaer 1988, S. 30 und 46

[46] Vorwort von Otto Buchinger (jun.) zu: *Dürselen, Helga,* Heilfasten, Düsseldorf 1986, S. 10; In dieser Veröffentlichung wird die Diskrepanz zwischen dem Begriff »Heilfasten« als Buchtitel, den Ausführungen der Verfasserin und dem Vorwort von O. Buchinger (jun.) sehr deutlich. Buchinger lobt wohl im Vorwort die praktischen Darlegungen der Verfasserin, aber betont deutlich, daß zum Heilfasten noch andere Dimensionen, vor allem das religiöse Fasten gehören.

[47] Vgl. dazu Geleitwort von Otto Buchinger zu: *Buchinger, Otto* (jun.) Geistige Vertiefung und religiöse Verwirklichung durch Fasten und meditative Abgeschiedenheit, Bietigheim 1967, S. 7 und *Brantschen,* a.a.O., S. 44

[48] Vgl. *Niggemeyer/Lützner,* a.a.O., S. 12, vgl. auch Inhaltsverzeichnis und S. 11

[49] Vgl. *Brantschen,* a.a.O., S. 46ff. und *Grün,* a.a.O., S. 55ff.

[50] Vgl. *Fromm, Erich,* Haben und Sein. Die gesellschaftlichen Grundlagen einer neuen Gesellschaft, Stuttgart 1976, S. 89f.

[51] Vgl. *Höpfer, Willi* (Hrsg.), a.a.O., S. 15

[52] *Koch, Kurt,* Aufstand der Hoffnung, Die befreiende Lebenskraft christlicher Feste, Freiburg 1986, S. 15

[53] Vgl. *Grün,* a.a.O., S. 59ff.

[54] *Koch,* a.a.O., S. 33

[55] A.a.O., S. 24f.

Teil 2

FASTEN – WOCHEN planen und gestalten

Informationen und Anregungen
für Veranstalter und Fastengruppenleiter

Die Weisheit hat mich allmählich
im Laufe des Lebens gelehrt,
daß die Vorbereitung der Zukunft
nur im Begründen der Gegenwart besteht.
Und daß sich alle in Utopien und
Bestrebungen verzehren,
die fernen Bildern nachjagen,
den Früchten ihrer eigenen Erfindung.
Die einzige wahrhafte Erfindung
besteht in einer Entzifferung der Gegenwart,
ihrer unzusammenhängenden Seiten
und ihrer widerspruchsvollen Sprache.
Die Zukunft bauen
heißt die Gegenwart leben.

Antoine de Saint Exupéry

Fasten – viele Menschen hören davon, haben teilweise negative, kirchlich geprägte Kindheitserinnerungen und wollen es doch bei Gelegenheit einmal ausprobieren. Mittlerweile gibt es aber auch zahlreiche Menschen mit Fastenerfahrung, die alle Jahre wieder neu die belebende Wirkung des Fastens an Leib und Seele erfahren möchten. Beide Interessentenkreise finden dazu zahlreiche Angebote: Wochenendfasten, Wanderfasten, Feriengruppen, schriftlicher Fastenanleiter, um allein zu fasten, Selbsterfahrungsgruppen, Fasten und Einkehr im Kloster ...[1] Zu welchem Angebot sich ein Fastenwilliger entschließt, wird vor allem von seinem gesundheitlichen Zustand und seiner Motivation abhängig sein. Daneben spielen aber auch äußere Bedingungen (Zeit, Kosten, Entfernung, Dauer ...) eine wichtige Rolle. Viele Fastenangebote bevorzugen, aus oft berechtigten Gründen, einen zeitbegrenzten Ausstieg aus dem Alltag. Dementsprechend finden diese Angebote in Bildungshäusern, Klöstern oder anderen geeigneten Einrichtungen statt. Abseits und befreit vom Berufs- und Alltagsleben soll sich hier der Faster auf das Fasten, auf sich, seine positiven Kräfte, die Menschen in der Gruppe und die mit diesem Angebot verbundene Zielsetzung konzentrieren können.

Das aber ist nur eine Form des Angebotes. Erfahrungsgemäß nehmen – im Vergleich zum Interesse – nur wenige Menschen an den Fastenangeboten abseits vom Lebensalltag teil. Dagegen schaffen es viele Interessenten nicht, z. B. aus zeitlichen, räumlichen, finanziellen, beruflichen, familiären oder anderen motivationshemmenden Gründen (Streß, Ängste, bevorstehende Feste, ...) an einem Fastenangebot teilzunehmen. Dies ist ein erster Grund, warum wir Fastenwochen vor Ort anbieten wollen und zeitlich so gestalten, daß auch Berufstätige teilnehmen können. Zweitens konnten wir beobachten, und die Rückmeldungen der Faster bestätigen es, daß die überwiegende Zahl der Teilnehmer ihr Fasten schrittweise in den Alltag von Beruf und Familie integrieren und hier bewußter leben. Sie erfahren: »Ich kann fasten *und* meinen Alltag gestalten. Oft werden hier schon als notwendig erkannte Veränderungen verwirklicht, auch wenn spätere Rückfälle nicht auszuschließen sind. Drittens ist für uns die Einbindung des Fastenangebotes in die Festvorbereitung und vor allem in das Gemeindeleben bedeutsam. »Fasten für Gesunde« kann *eine* Möglichkeit, *ein* Angebot der Kirchengemeinde für suchende Menschen sein zur Lebensorientierung, zur Umkehr, zur neuen Gestaltung der Fastenzeit, zur Vorbereitung auf das Fest des neuen Lebens »Ostern«, zur Besinnung in der Adventszeit oder zur... Schließlich noch ein letzter Grund. Viele kirchlich distanzierte Menschen stecken voller Lebensfragen. Sie suchen Antwort und Sinn auch aus dem Glauben. Offene und kommunikative Angebote zu einem »ganzheitlichen Fasten« vor Ort sprechen nach unserer Erfahrung gerade solche Suchende an. Sie sind bereit, sich mit religiösen Fragen auseinanderzusetzen, doch nur, wenn sie Offenheit und Gesprächsbereitschaft spüren und wenn sie erleben, daß sie im christlichen Glauben Perspektiven für ihre Fragen finden können. Sie wollen dabei als Suchende ernst genommen werden.

Diese Gründe haben uns bewogen, »Fastenwochen« organisatorisch und inhaltlich so zu gestalten, daß z. B. Berufstätige ebenso wie Hausfrauen, Christen, die sich zur Kerngemeinde zählen, ebenso wie diejenigen, die eine gewisse Distanz haben, katholische und evangelische Christen, dieses Angebot zum »Fasten mit Leib und Seele« wahrnehmen und in ihren Lebensalltag integrieren können. Dementsprechend verantwortlich, offen und sinnstiftend muß eine Fastenwoche vom Veranstalter geplant und angeboten sowie vom Fastengruppenleiter didaktisch-methodisch gestaltet und geleitet werden. Die folgenden Ziele, Anliegen, Übersichten und Erfahrungen geben dazu grundlegende Informationen.

1. Anliegen, Elemente und Regeln einer Fastenwoche

Das Angebot einer Fastenwoche richtet sich an gesunde Menschen. Wir bieten kein »Heilfasten« im landläufig verstandenen und von vielen Buchtiteln verbreiteten Sinne an, sondern ein freiwilliges »Fasten für Gesunde« (vgl. Seite 39). Denn »Heilfasten für Kranke gehört in die Fastenklinik, Fasten für Gesunde geschieht immer in eigener Verantwortung«[2]. »Krank«, das ist zunächst jeder, der vom Arzt verschriebene und vor allem kontrollbedürftige Medikamente einnimmt. Nur mit Erlaubnis und unter regelmäßiger Beratung des Arztes können »kranke Interessenten« in Ausnahmefällen an Fastenwochen teilnehmen. Aus der Sicht von Veranstalter und Fastengruppenleiter bleibt solch eine Teilnahme immer bedenklich, vor allem auch deshalb, weil die meisten Ärzte keine Fastenerfahrung haben, sie die Wirkung eines Medikamentes während des Fastens (3–8fache Erhöhung) falsch einschätzen und nicht wenige von ihnen das Fasten in dieser Form ablehnen[3]. Mangelnde Erfahrung, Unkenntnis und der Streit mancher Mediziner über die richtigen methodischen Wege gehen meist zu Lasten der Ratsuchenden und Fastenwilligen. Daher soll hier nochmals hervorgehoben werden, daß die Fastenwoche ein Angebot zum »Fasten für Gesunde« ist und jeder freiwillig und in eigener Verantwortung teilnehmen kann. Mancher Fastenwillige nimmt das nicht ernst genug. Daher sichern wir uns als Veranstalter und die Fastengruppenleiter ab und lassen vom Faster zusammen mit der Anmeldung einen sogenannten Haftungsausschluß unterschreiben (vgl. unten). Bevor der Teilnehmer diesen jedoch unterschreibt, sollte er ausreichend darüber informiert sein, was Fasten während einer Fastenwoche bedeuten kann und wozu er eingeladen bzw. herausgefordert ist.

Anmeldung und Haftungsausschluß (Beispiel)

Name: ______________________ Vorname: ______________________

Adresse: ________________________________ Telefon: ____________

Ich melde mich zur »Fastenwoche für Gesunde« vom ______________________

bis ____________ in ______________ an.

Ich bin darüber informiert, daß es sich bei dieser Fastenwoche um ein freiwilliges »Fasten für Gesunde« in eigener Verantwortung handelt und nicht um ein »Heilfasten« unter ärztlicher Leitung. Ich halte mich für gesund (bzw. habe im Zweifelsfall vom Arzt die Erlaubnis zum Fasten) und erhebe keinen Haftungsanspruch gegen den Fastenleiter, die Organisatoren bzw. den Träger dieser Fastenwoche. Ich kenne die Teilnahmebedingungen und bin damit einverstanden.

______________________ ______________________

Ort, Datum Unterschrift

1.1 Fasten als Einladung und Herausforderung

Fasten – das ist zunächst eine Einladung an den ganzen Menschen zur Umkehr mit Körper und Geist, mit Leib und Seele. Eine Einladung zur Besinnung auf sich, seine Lebensgewohnheiten und -gestaltung, den Sinn seiner Lebens- und seiner Entwicklungsmöglichkeiten.

Fasten – das heißt zweitens freiwilliger Verzicht auf feste Nahrung sowie ungesunde Gewohnheiten (z. B. Nikotin, Alkohol, Kaffee, ...); nicht essen, nur trinken; Umschalten auf körpereigene Reserven, Aktivierung des »inneren Arztes« (Paracelsus), d. h. der Körper geht auf Sparflamme, nährt sich selbst und entschlackt; Verzicht auf Ablenkung und ein Sich-lösen, z. B. von Fernsehkonsum, äußerlicher Reizüberflutung, sich natürlich verhalten: tun was der Körper fordert (schlafen, bewegen, wandern ...) und was Spaß macht (lesen, Musik hören, über Geschichten nachdenken ...).

Fasten – das ist drittens die Zeit, in der wir freier, offener und sensibler werden können für uns, unseren Körper, für die Menschen unserer Umwelt und für Gott; die Zeit, in der wir im Stillwerden, Meditieren, Beten und Handeln uns z. B. auf den Sinn eines bevorstehenden Festes vorbereitend einlassen und konzentrieren oder uns mit dem Thema der Fastenwoche beschäftigen; die Zeit, in der für Leib, Geist und Seele etwas bewußt wahrgenommen und in sinnvolles Tun umgesetzt wird.

Fasten – das ist viertens miteinander Fasten in einer Gruppe. In eine Fastenwoche sollte sich jeder mit seinen Erfahrungen, Stärken und Schwächen, Sorgen und Hoffnungen, Fragen und Zweifeln, Schwierigkeiten und Erfolgen in die Gruppe einbringen. Offene Gespräche über Fastenerfahrungen, Lebensgestaltung und Glaubensfragen sind tragende Elemente einer Fastengruppe, in der jeder entsprechend seinen Möglichkeiten versucht, ein Stück »anders zu leben«. Die Atmosphäre und der Umgang miteinander wird dadurch wesentlich bestimmt.

Fastenwoche – das ist eine Einladung an alle Fasteninteressenten zu einem »ganzheitlichen Fasten« mit Körper und Geist, Leib und Seele; sie ist eine Starthilfe zum Verzicht, zur Einkehr und Umkehr; ein Weg, um sich selbst und seine Bedürfnisse wieder zu entdecken und unterscheiden zu lernen, was Leib und Seele *wirklich* brauchen; sie ist eine Herausforderung, bei mir selbst anzufangen. Hier öffnet sich eine Chance, neue Einsichten zu gewinnen, sich neu zu orientieren und neu zu leben. Dementsprechend müssen die Dimensionen des körperlichen, seelisch-psychischen, geistig-religiösen und möglichst auch des sozialen Fastens in der Gestaltung der Fastenwoche verbunden werden. Neben den notwendigen didaktisch-methodischen Überlegungen helfen dabei die »tragenden Elemente« einer Fastenwoche und die »Grundregeln des Fastens«.

1.2 Tragende Elemente einer Fastenwoche

Die Zielsetzung, Planung, Organisation und Gestaltung einer Fastenwoche wird bestimmt von folgenden grundlegenden Elementen:

(1) Dimension des Fastens

- *Körperliches Fasten* als Verzicht auf feste Nahrung, gleichzeitig aber viel trinken unter Beachtung der medizinischen Erkenntnisse, Anregungen und Regeln, wie sie von dem Überlinger Fastenarzt Dr. Hellmut Lützner in seinem Fastenführer beschrieben werden[4]. Besondere Aufmerksamkeit ist dabei neben der inneren Bereitschaft und Einstimmung zu richten auf den Entlastungstag, die Darmreinigung, das Fasten (körperliche Veränderungen im Wohlbefinden erkennen, verstehen, damit umgehen lernen), das Fastenbrechen mit seinen wichtigen Regeln und die Veränderung festgefahrener Ernährungs- und Eßgewohnheiten, um so zu einer körperlichen Erneuerung und Gesundung zu kommen.
- *Seelisch-psychisches Fasten* als eine Chance, die Aufmerksamkeit bewußt auf meine psychische Befindlichkeit zu richten und mich nicht durch

Zeitdruck, zu viel Essen, Ärger, Unzufriedenheit u.a.m. ablenken zu lassen. So, wie der Körper manche Polster und Schlacken abbaut, können wir beim Fasten seelische Müllhalden abbauen, manche seelische Blockade auflösen und sensibler für unsere Empfindungen, Gefühle und Bedürfnisse werden. Damit aber wird auch das Zusammenspiel Körper – Psyche (Psychosomatik) bewußter. Sie lädt den Fastenden ein, seine Lebensgestaltung zu reflektieren und im Interesse seiner körperlich-seelischen Gesundheit für seinen Alltag Konsequenzen zu ziehen.

- *Geistig-religiöses Fasten* als ein Angebot, die Einheit von Körper und Geist, Leib und Seele zu erleben und den Sinn des Fastens zu erfahren. Fasten ist keine rein körperlich-medizinische, sondern wie aus den vorgestellten Texten bekannt ist, eine ganzheitliche Angelegenheit. Neben der körperlichen Erneuerung bietet sich die optimale Gelegenheit zur »seelischen Entschlakkung« und geistig-religiösen Neuorientierung. Fasten mit Leib und Seele, gerade während der Zeiten der Vorbereitung auf christliche Feste, »deckt mir auf, wer ich bin« (A. Grün), wo ich »In der Welt«, in »Bezug zum Mitmenschen« und »Vor Gott« stehe. Die Bereitschaft und Offenheit aller Beteiligten, sich auf diese Dimension einzulassen, ist daher eine wesentliche Voraussetzung für das Gelingen der angestrebten Gesamterneuerung.
- *Soziales Fasten,* eine Dimension, die vom Propheten Jesaja (58,1–9) (vgl. Seite 91) am deutlichsten eingefordert wird. Fasten wird konkret im Handeln, z. B. im täglichen Umgang mit den Mitmenschen, im Teilen und solidarisch leben mit anderen, im Engagement, im Dienst am Nächsten. Diese Dimension des Fastens wird oft vergessen oder auf den einzelnen Faster abgeschoben. Doch Themen, wie z. B. Verzicht, Teilen, Engagement, Resignation ..., sollten nicht nur bei Meditation und Gespräch stehenbleiben, sondern im konkreten Handeln einer Fastenwoche sichtbar werden. Im Umfeld einer Kirchengemeinde und der Teilnehmer finden die Verantwortlichen dazu ausreichend Möglichkeiten zum Teilen bzw. zu den von der alten Kirche deutlich beschriebenen Zusammenhängen von »Fasten und Werken der Barmherzigkeit«.

(2) Die Fastengruppe

Sie besteht aus ca. 15–20 Teilnehmern und trifft sich täglich zum Erfahrungsaustausch, zu Gesprächen über Fragen und Aspekte des Gesamtthemas der Fastenwoche, zur Meditation, Entspannung, Bewegung ... zum Abschlußfest. Fasten in der Gruppe ist ein Stück gemeinsamen Wegs. Die Gruppe lebt davon, daß jeder einzelne sich entsprechend seinen Möglichkeiten einbringen kann. Miteinander teilen die Fastenden Erfahrungen, Schwierigkeiten, Erfolge und Hoffnungen. Das schafft Verbindungen und Solidarität und erleichtert den Teilnehmern das Fasten. Die Gruppe wird – so bestätigen alle Rückmeldungen – zunächst zu einem Schutzraum für die Faster gegen Anfechtungen ihrer Umwelt, zweitens eine bedeutsame Stütze im Umgang mit Fastenschwierigkeiten (z. B. durch Erfahrungsaustausch, gelebte Fastenbeispiele ...) und schließlich können die Gruppen-Teilnehmer hier Teilaspekte der sozialen Dimension des Fastens im täglichen Umgang miteinander leben, sei es in oder außerhalb der Gruppentreffen (z. B. durch Telefonanrufe zur Unterstützung bei Schwierigkeiten). In der Regel ist gerade die Gruppenatmosphäre die entscheidende Motivationsgrundlage für weitere Treffs, z. B. monatlicher Fastenstammtisch nach der Fastenwoche u.a.m.

(3) Qualifizierte Fastengruppenleiter

Von ihm/ihr werden erwartet: ausreichende Fastenerfahrungen und Kenntnisse im Blick auf die körperliche, seelische, religiöse und soziale Dimension des Fastens; die Fähigkeit, Gruppen zu leiten, Gespräche anzuregen sowie die Zusammenkünfte didaktisch-methodisch zu planen und zu gestalten (vgl. dazu Seite 66ff.). Wenn dies durch einen Fastengruppenleiter gewährleistet wird, ist das sicher am besten. Doch in der Praxis kann die Leiterin, z. B. eine Gesundheitsberaterin mit den genannten Erfahrungen, durchaus mit einem Theologen für den geistig-religiösen Bereich zusammenarbeiten. Es bedarf jedoch einer sorgfältigen Abstimmung sowie einer Offenheit für die unterschiedlichen und doch zusammengehörenden Fastendimensionen sowie die Erfahrungen der Teilnehmer.

(4) Ein schriftlicher Fastenbegleiter für die Teilnehmer

Darin sind enthalten:

- Eine Einstimmung ins Thema der Fastenwoche mit grundlegenden Informationen zu den Zielen und Schwerpunkten des gemeinsamen Fastens, über die Grundregeln (vgl. unten) des Fastens und zur Organisation der Woche.
- Die grundlegenden medizinischen Erkenntnisse und die praktischen Anleitungen zum körperlich-gesundheitlichen Fasten (vgl. dazu den Fastenführer von Hellmut Lützner).
- Ein schriftlicher geistig-religiöser Begleiter für die Fastenwochen bestehend aus Texten für die einzelnen Tage mit Bildern, biblischen Erzählungen, Sprüchen, Gedanken zum Thema, Geschichten, Gebeten ..., die teils in den Gruppentreffen eingesetzt und vertieft werden und teils als persönliche Impulse den Teilnehmer anregen wollen, sich zu Hause damit zu beschäftigen (vgl. dazu mein Buch »Fasten – dem Leben Richtung geben. Übungs- und Lesebuch zum spirituellen Fasten«).

1.3 Grundregeln des ganzheitlichen Fastens

»Fasten für Gesunde«, so wurde schon betont, ist ein freiwilliges Fasten in eigener Verantwortung. Im Mittelpunkt steht der ganze Mensch mit Körper und Geist, Leib und Seele, mit seiner Lebensgeschichte, seiner Persönlichkeit, seinen bekannten, verkümmerten und noch unerkannten Fähigkeiten und Entwicklungsmöglichkeiten. Obwohl freiwillig, kann der Fastende auf gewisse Regeln nicht verzichten. Es geht dabei nicht um Fastenordnungen, -gebote und -vorschriften, wie sie aus allen Religionen bekannt sind, sondern um Regeln, an denen wir unser gemeinsames Tun in der Fastenwoche aus eigenem Entschluß orientieren. Sie helfen uns auf dem Weg zu einer Gesamterneuerung an Leib und Seele.

Die Grundregeln des Fastens von Lützner[5] erscheinen oft schlagwortartig oder verkürzt in Illustrierten, aber ebenso in kirchlichen Materialien zur Fastenzeit (z. B. Misereor und Gemeindeblätter) abgedruckt, ohne daß deren Gesamtzusammenhang sichtbar wird. So verkürzt erwecken sie den Anschein, als könne jeder ohne Probleme fasten, der sich an diese Regeln hält. Dies ist jedoch, wie jeder medizinische Fastenführer und die bisherigen Ausführungen zeigen, keineswegs der Fall. Daher sollen hier überarbeitete *Grundregeln des Fastens an Leib und Seele,* in Anlehnung an Lützner und mit entsprechenden Erweiterungen über die körperliche Dimension des Fastens hinaus, vorgestellt werden. Zu beachten ist jedoch, daß sie immer in Zusammenhang mit den Zielen und tragenden Elementen des Fastens zu verstehen sind.

(1) *Nicht essen – nur trinken, mehr als der Durst verlangt*

Der Mensch kann aus seinen Reserven leben. Die täglich nötige Energie gewinnt der Organismus nicht aus der Nahrung, sondern aus seinen körpereigenen Depots. Solange sie reichen, vermag er ohne Zufuhr von außen zu leben. Nach Lützner baut der Körper in weiser Reihenfolge folgenden Ballast ab: alles, was ihn belastet, was er nicht braucht, was ihn stört, was ihn krank macht. Nie aber Brauchbares, Funktionierendes, Lebensnotwendiges. Es genügt daher, in dieser Zeit nur zu trinken: Tee, Gemüsebrühe, Obst- und Gemüsesäfte und Wasser, soviel der Körper verlangt.

(2) *Freiwillig fasten in eigener Verantwortung*

Nahrungsentzug unter Zwang bedeutet Hunger aus innerem Widerstand. Fasten soll freiwillig geschehen. Für den Einstieg in ein erstmaliges Fasten braucht man nicht mehr als Neugier, etwas Mut, Lust am Entdecken und die Bereitschaft, für eine bestimmte Zeit auf das Essen zu verzichten. Freiwillig und in eigener Verantwortung fasten heißt auch, ich informiere mich, lasse mich beraten, schaue nach Möglichkeiten und Hilfen, damit ich meinen Entschluß durchhalte.

(3) *Was nicht lebensnotwendig ist, wird weggelassen*
Wir verzichten auf liebgewonnene Gewohnheiten, die vor allem beim Fasten dem Körper schaden, wie z. B.: Nikotin, Alkohol, Kaffee, Süßigkeiten, Medikamente (soweit sie entbehrlich sind), auf jeden Fall aber auf Entwässerungstabletten, Appetitzügler und Abführmittel.

(4) *Sich natürlich verhalten*
Das tun, was der Körper fordert und was ihm gut tut, z. B. schlafen und arbeiten, wandern und Sport treiben, schwimmen und frische Luft einatmen ..., je nach Bedürfnis und Wohlbefinden. Dazu gehört auch, daß wir alle Ausscheidungen fördern: den Darm regelmäßig entleeren, die Nieren durchspülen, schwitzen, abatmen. Haut und Schleimhäute pflegen.

(5) *Sich lösen vom Alltag*
Verzichten auf Ablenkung, sich der äußeren Reizüberflutung entziehen und für eine Woche sich lösen vom Alltäglichen. Soweit es möglich ist, verzichten auf: Fernsehen, Radio und Illustrierte; Hetze, Termine, Streß, Ärger ... vermeiden. Das tun, was Spaß macht: Musik genießen, lesen, über Geschichten nachdenken, bummeln, Hobbies pflegen, spielen ..., um so anderen und sich selbst begegnen zu können.

(6) *Schweigen und in die Stille gehen*
Zeit nehmen für mich und Gott: Wer bin ich? Was will ich? Was hilft mir? Nach innen horchen, Veränderungen wahrnehmen und damit umgehen lernen, mit Hilfe von Bildern, Geschichten, Sprüchen, Musik, Texten ... meditieren und beten.

(7) *Bereitschaft zum Gespräch über Lebens- und Glaubensfragen*
Sich auf das Thema der Fastenwoche in allen Dimensionen des Fastens einlassen und damit auseinandersetzen; sich selbst dazu in die Gruppe einbringen; mit anderen Erfahrungen austauschen, einander zuhören, nachdenken, meditieren, sich im Miteinander in der Gruppe erleben.

Fasten – orientiert an diesen Grundregeln bedeutet, die eigenen »Antennen« auszufahren und sensibel zu werden für alte Gewohnheiten, sie aufzubrechen und Raum für neue Lebensmöglichkeiten zu schaffen. Damit einher geht eine Gesundung, eine Erneuerung an Leib und Seele. Fasten wird erlebt als Weg zu sich, zum Mitmenschen und zu Gott. Der Aufbau und die Gestaltung einer Fastenwoche bieten dazu den notwendigen Rahmen und eine wichtige Voraussetzung.

2. Aufbau, Organisation und inhaltliche Schwerpunkte einer Fastenwoche – Erfahrungen und Anregungen

Fastenwochen können fast zu allen Jahreszeiten angeboten werden. Orientiert an christlichen Festkreisen eignen sich dafür besonders die Advents- und die Fastenzeit. Letztere insbesondere wegen des bevorstehenden Frühjahrs (neues Leben erwacht), wegen des kirchlichen Osterfestkreises (Gedenken und Feiern des Leidens, Sterbens und der Auferweckung Jesu) und schließlich bietet gerade der körperlich-psychische Lebensrhythmus, der eng mit dem Jahreskreislauf der Natur verbunden ist, gute Voraussetzungen. Viele Menschen sind gerade zu Beginn des Frühjahrs ansprechbarer und motivierter, sich auf eine »Reinigung« an Leib und Seele einzulassen.

2.1 Aufbau einer Fastenwoche

Fasten für Gesunde, an denen auch Berufstätige teilnehmen können, gestalten wir in vier Phasen mit entsprechenden inhaltlichen Akzenten, an die sich je nach Interesse weiterführende Angebote anschließen. Zunächst eine Übersicht. Daran schließt sich eine stichwortartige Darstellung zu notwendigen und möglichen Inhalten an.

Übersicht – Fastenangebot für Gesunde

Phase	**Tag**	**Angebotsstruktur**	**Zeitpunkt**
INFORMATION	Donnerstag oder Freitag	offene Informationsveranstaltung	Abend
EINSTIMMUNG	Dienstag	Einführungsabend mit der Fastengruppe	Abend- oder Vormittagsgruppe
	Donnerstag	Entlastungstag	Abend- oder Vormittagsgruppe (täglich)
FASTEN	Freitag Samstag Sonntag Montag Dienstag	1. Fastentag 2. Fastentag 3. Fastentag 4. Fastentag 5. Fastentag	
AUFBAU	Mittwoch	Fastenbrechen und 1. Aufbautag	Gruppentreffen
	Donnerstag	2. Aufbautag	frei oder Gruppentreffen
	Freitag	3. Aufbautag und festlicher Abschluß der Fastenwoche	Abend (wenn zwei Gruppen, dann evtl. zusammen)
WEITERFÜHRENDE ANGEBOTE	Nach Vereinbarung	Mögliche Formen: Wöchentlicher Gesprächskreis, Kurse zur Vollwerternährung, monatlicher Fastenstammtisch, gemeinsame Aktivitäten, ... oder nur einmaliges Treffen nach zwei bis drei Wochen	je nach Anlaß und Vereinbarung

Der 2. Fastentag (Samstag) kann auch ganztägig gestaltet werden. (Vgl. dazu Seite 75)

Informationsphase

(1) *Sie beginnt mit einer Informationsveranstaltung* über das »Fasten«, die gleichsam als Eröffnung des Fastenangebots für alle Interessenten offensteht und in der wir Ziele und Schwerpunkte, Bedeutung und Chancen, Grenzen und Gefahren des Fastens, Gestaltung und Organisation der Fastenwoche vorstellen. Wird *erstmals* eine Fastenwoche in der Gemeinde angeboten, dann wäre folgendes Thema für den Eröffnungsabend möglich: »Wie neu geboren durch Fasten« oder »Fasten – Angebot zur körperlichen und geistigen Umkehr« oder »Fasten und Besinnen« oder »Fasten – Verzicht als Weg?« Je nach Themenschwerpunkt sollte dieser in der Themenformulierung angesprochen werden. In der Informationsveranstaltung selbst muß über folgende Fragen und Sachbereiche informiert werden:

a. Körperliches Fasten nach medizinischen Erkenntnissen
- Fasten wie es jeder kennt (Fasten bei fiebernden Kranken . . .),
- Fasten und Leistungsfähigkeit (Beispiele, in denen erkennbar ist, daß körpereigene Kraftreserven vorhanden sind),
- Fasten für Gesunde, *nicht* Heilfasten,
- Wer ist gesund und darf fasten?
- Wer darf nicht ohne ärztlichen Begleiter fasten?
- Gewinn durch Fasten aus körperlicher Sicht.

b. Die Praxis des Fastens in einer Fastenwoche
- vgl. Übersicht,
- »Speiseplan«: Kräutertees, Gemüsebrühe, Obstsäfte, Wasser,
- Gruppentreffen: Warum? Mögliche Inhalte aufzeigen.

c. Geistig-religiöses Fasten
- Fasten in den Religionen (Hinweise) und insbesondere im Christentum (biblische Texte, Aussagen einiger Mönche bzw. Kirchenväter),
- Einheit von körperlichem und religiösem Fasten (vgl. Text S. 18),
- Anlaß oder Bezug zum Festkreis und/oder Intention des Themenpunktes der Fastenwoche kurz darstellen,
- Gewinn des geistig-religiösen Fastens,
- Einladung zur Einkehr bei mir selbst, zur Umkehr und der Neugestaltung der Beziehungen zu Mitmensch und Gott.

d. Psychische und soziale Dimension des Fastens
- Zusammenspiel von körperlicher und psychischer Befindlichkeit,
- Biblisch-christliche Zusammenhänge: Fasten und Werke der Barmherzigkeit,
- Was könnte das heute bei uns bedeuten?
- Einladung an die Teilnehmer in den Gruppen, sich ein Ziel zu wählen: »Wir teilen mit . . .«, »Wir engagieren uns für. . .«

e. Organisatorischer Ablauf
- Einführungsabend,
- Anmeldepraxis und Haftungsausschluß,
- Wann treffen sich die Gruppen und wo? Dauer der Treffen, Wochenendregelung,
- Kursgebühren,
- Leitung der Gruppe vorstellen.

(2) Wurde schon *mehrmals* eine Fastenwoche angeboten, dann sollte der Veranstalter die Inhalte der Informationsveranstaltung ändern. Für fastenerfahrene Interessenten wäre das vorgestellte Informationsangebot langweilig, für neue notwendig. Wir haben bisher zwei Möglichkeiten mit Erfolg praktiziert:

a. Im Mittelpunkt des eröffnenden Abends stand ein vorwiegend auf die geistig-religiöse Dimension ausgerichtetes Thema, z. B. »Fasten – Modeerscheinung oder Heilmittel für Leib und Seele?« oder »Fasten und Fastenzeit – aus dem Glauben leben«. Dieses Thema ist offen für alle, die fasten wollen oder nicht. Der Abend beginnt in der Regel etwas früher (19.30 Uhr) und endet spätestens 21.30 Uhr. Nach einer kurzen Pause, in der alle gehen können, die es nicht betrifft, erhalten neue fastenwillige Interessenten die notwendigsten Informationen zum körperlichen Fasten in Kurzfassung.
b. Der Informationsabend wird nur für Interessenten angeboten, die erstmals fasten möchten. Dementsprechend können Fastenerfahrene sich diesen Abend sparen und schon früher beim Veranstalter anmelden.

Einstimmung

(1) Der folgende *Einführungsabend* mit den angemeldeten Fastenwilligen am Dienstag dient einerseits der Einstimmung, andererseits der vertiefenden Information. Dienstags deshalb, damit die Faster (vor allem Berufstätige) sich in Ruhe auf den Entlastungstag (Donnerstag) vorbereiten und entsprechend einkaufen können. Im Mittelpunkt des Abends stehen daher: Sich kennenlernen, Meditation, Einstimmung auf ein ganzheitliches Fasten und seine Wirkungen, das Thema und die inhaltlichen Schwerpunkte, Erwartungen und Befürchtungen der Teilnehmer, Einkaufsliste und Rezepte für den Entlastungstag u. a.

(2) Am *Entlastungstag* erfolgt die körperliche Einstimmung auf das Fasten. Er steht in der Regel unter Themen wie z. B. aufbrechen, Vorsätze überdenken, sich einstellen auf den Beginn des Fastens am nächsten Tag, . . .

Fasten

(1) Die Faster kommen ab dem Entlastungstag bis zum Abschlußfest zu *täglichen Gruppentreffen* (Vormittag oder Abend) zusammen. Für viele Teilnehmer kann der 2. Fastentag zum Problem werden. Der Körper stellt sich auf die innere Versorgung um, manche werden müde, vieles geht langsamer. Daher beginnen wir die Fastenwoche so, daß der 2. Fastentag auf Samstag fällt, an dem in der Regel auch die meisten berufstätigen Teilnehmer sich je nach Wohlbefinden hinlegen können.

(2) Während an den Werktagen die Gruppen sich täglich zur gleichen Zeit und zu unterschiedlichen Gesprächsthemen treffen, gelten am Wochenende in der Regel andere Zeiten für die Gruppentreffen, z. B. am Samstagnachmittag Spaziergang, Erfahrungsaustausch . . . oder am Sonntag Gemeindegottesdienst, gemeinsame Meditation, Angebot zum Schwimmen, Wandern oder gemeinsames Essen der Fastenbrühe (vgl. weitere Hinweise S. 64f.).

Aufbau

(1) Das Fastenbrechten ist für den Organismus oft schwieriger als der Einstieg ins Fasten. Er muß von der Reinigung und der inneren Ernährung umschalten auf äußere Nahrungsaufnahme und Verdauung. Daher sollte der Aufbau langsam vor sich gehen. Soweit möglich, laden wir die Teilnehmer zu einem gemeinsamen Fastenbrechen (Meditation) ein. Außerdem erhalten sie Anregungen über die Möglichkeiten und Chancen in der Aufbauphase.

(2) Die Fastenwoche endet mit dem Abschlußfest. Gestaltet in einer besinnlichen und festlichen Atmosphäre mit Meditation, Erfahrungsaustausch, schriftlicher Auswertung, heiteren Beiträgen der Teilnehmer, Kurzinformationen und einem Gespräch über weiterführende Angebote für Interessenten.

Weiterführende Angebote

Sehr häufig wünschen die Teilnehmer nach der Fastenwoche weiterführende Treffen, Kurse . . . Vor allem zur Vollwerternährung, aber auch zur persönlichen Vertiefung anderer Themen und zum Erfahrungsaustausch. Viele suchen Unterstützung bei ihrem Bemühen, den begonnenen Weg der Umkehr an Leib und Seele fortzusetzen. Dazu bieten sich an:

(1) Weitere Gesprächsabende (wöchentlich) in der verbleibenden Fastenzeit bis Ostern bzw. Adventszeit bis Weihnachten mit biblischen Verstehenshilfen zum Sinn und zu den Lebensfragen des jeweiligen Festkreises. Aber auch sich informieren, auseinandersetzen und handeln (z. B. für ein Projekt) im Sinne der beschriebenen sozialen Dimension wäre eine mögliche und sicher lohnende Fortsetzung.

(2) Kurse zur gesunden Ernährung und Lebensweise nach dem Fasten, z. B. über Vollwerternährung, Gesundheit und Krankheit, zur Entspannung, z. B. Autogenes Training, Bewegung und Massage . . .

(3) Selbstorganisierter monatlicher Fastenstammtisch. Diesen Tag gestalten die Interessenten als Entlastungstag und treffen sich am Abend zur »Salatplatte«. Hier werden Erfahrungen ausgetauscht, und vereinzelt entstehen hier auch Pläne für gemeinsame Aktivitäten oder Anregungen für Veranstaltungen. Wichtiger jedoch ist der Kontakt und die offenen Gespräche miteinander sowie die gegenseitige Bestärkung, auf dem einmal begonnenen Weg weiterzugehen.

2.2 Mögliche inhaltliche Schwerpunkte einer Fastenwoche

Die inhaltliche Gestaltung einer Fastenwoche kann sich orientieren am Zeitpunkt ihrer Durchführung (Advents- oder Fastenzeit), der Intention des bevorstehenden Festes oder einem eigens gewählten Leitthema, z. B. »Fasten – dem Leben Richtung geben«. Die Orientierung am Weihnachts- oder Osterfestkreis wird im Gesamtthema deutlich, z. B. »Fasten im Advent – in kleinen Dingen Zeichen setzen« oder

»Fasten – körperliche und geistige Umkehr in der Fastenzeit«.
In jeder Fastenwoche müssen zum einen, unabhängig vom Anlaß, die Themen und Fragen zur körperlich-gesundheitlichen Praxis des Fastens behandelt werden, denn für die Teilnehmer sind die Erfahrungen mit dem eigenen Körper, die Veränderungen, die sie an sich beobachten, das Gespräch darüber und Verstehenshilfen dazu, sehr wichtig. Besonders in der Anfangsphase der Gruppe stehen Fragen zum körperlichen Fasten im Vordergrund. Zum anderen ergeben sich genügend Möglichkeiten – anfangs in kürzeren, später in längeren Zeiteinheiten – im Erfahrungsaustausch, bei themenorientierten Gesprächen und gemeinsamem Tun die Inhalte des Gesamtthemas zu aktualisieren und zu gestalten. Dabei spielen der Gruppenprozeß (kennenlernen, vertraut werden, sich öffnen, zuhören, sich einführen ...) sowie die didaktisch-methodische Verknüpfung von körperlicher, seelischer, geistig-religiöser und sozialer Dimension eine zentrale Rolle. Es würde den hier vorgesehenen Rahmen sprengen, wollte man den Gruppenprozeß, der in jeder Gruppe sehr unterschiedlich verläuft, nachzeichnen.
Themen zur inhaltlichen Gestaltung einer Fastenwoche gibt es in Fülle. Wir mußten in den verschiedenen Fastenwochen immer entsprechend unserer Intentionen Akzente setzen und auswählen, wobei es entscheidend war, ob wir ein Leitthema oder einen christlichen Festkreis bevorzugten. Beides läßt sich aber auch verbinden. Die folgende Sammlung von Gesprächsthemen will lediglich anregen, entsprechend der eigenen Zielsetzung und Situation auszuwählen und Schwerpunkte zu setzen.

Körperliches Fasten

Dazu gehören alle im Fastenführer (vgl. Lützner) genannten medizinischen und praktischen Aspekte, Fragen und Probleme. Weitere Themen: Veränderungen während des Fastens bei mir und Auswirkungen auf meine Familie; Geschichte und Sinn ganzheitlichen Fastens; Ernährung nach dem Fasten; Ernährung umstellen und gesünder leben – wie? Umgang mit meinem Körper; Kneippsche Anwendungen ... Der Faster benötigt frische Luft und Bewegung. Daher gehören Spaziergänge, Schwimmen und Gymnastik zum zusätzlichen Programmangebot. Wichtig sind jedoch auch regelmäßige Entspannungs-, Atem- und Körperübungen während der Gruppentreffen.

Seelisch-psychisches Fasten

Fragen und Problembereiche zu dieser Dimension des Fastens sind eng verbunden mit den anderen Dimensionen oder werden zu Beginn nur verdeckt angesprochen. Je nach Leitthema und Vertrautheit in der Gruppe gelingt es, immer mehr Fragen aufzugreifen, wie z. B.: Meine Befindlichkeit; Wie gehe ich mit meiner Zeit um? Trägt meine Umwelt, meine Familie mein Fasten mit oder...? Wer setzt mich mehr unter Druck – ich oder meine Umwelt? Wer bin ich? Was sind meine wirklichen Bedürfnisse? Muß ich immer alles schlucken?...

Geistig-religiöses Fasten

(1) Advent/Weihnachten
»Advent – alle Jahre wieder oder...?« Zeit – was sie mir bedeutet, wie ich damit umgehe, meine »Zeitfresser«, wie ich meine Zeit in Zukunft gestalten möchte; schenken und beschenkt werden; Geschenke – immer dasselbe? Was treibt mich zur Hetze – wie werde ich ruhiger? Fasten und Adventsvorbereitung – geht das? Schaffe ich das? Adventszeit, Wartezeit, Vorbereitungszeit – immer das gleiche? Weihnachten in der Familie – wie?, Biblische Weihnachtserzählung – nur für Kinder? Prophetengestalten – Wegweiser in der Vorbereitung?...
Dazu gehören auch gestalterische Tätigkeiten: Adventskalender für mich, Weihnachtsgesteck, Geschenkideen zum Selbermachen austauschen ... und viele andere Möglichkeiten aus dem Bereich des Advents- und Weihnachtsbrauchtums.

(2) *Fastenzeit/Ostern*
Fastenzeit – Zeit nutzloser Vorsätze? Meine Le-

benssituation – wo stehe ich? Verzichten – heute noch gefragt? Sinn und Geschichte des Fastens und der Fastenzeit. Warum Fasten? Fasten in der Bibel – Texte für mein Leben? Kirchliche Fastenordnung heute? Fasten – Umkehr mit Leib und Seele; Absterben und neues Leben gewinnen; Leben heißt, sich ändern; Ostern – Grund unserer Hoffnung; Ostern – neu erleben, neu leben. Osterbrauchtum; Auf dem Weg nach Emmaus – da erkannten sie IHN; Fasten und Beten; Neu anfangen – mit offenen Augen leben; . . . Gestalterische Tätigkeiten dazu, z. B. Osterkerze oder Osterschmuck. Osterbrauchtum neu entdecken, miteinander betrachtend einen Kreuzweg gehen, . . . und die vielen anderen Möglichkeiten des Fasten- und Osterbrauchtums.

(3) *Leitthema einer Fastenwoche*
Ein Leitthema für eine Fastenwoche, sei es mit oder ohne direkten Bezug zum Weihnachts- oder Osterfestkreis, konzentriert die inhaltliche Gestaltung und dient Teilnehmern wie Verantwortlichen als orientierender Leitfaden. Das Leitthema darf jedoch zum einen keine zu engen Grenzen setzen, zum anderen muß es doch Orientierungen geben und schließlich muß es offen sein für eine situations- und teilnehmerorientierte didaktisch-methodische Gestaltung. Mögliche Themen sind neben den bereits genannten: Baum als Symbol des Lebens; Fasten – Besinnen und sich orientieren; Fasten – alles beginnt zu leben. Oder Themen mit Hilfe verschiedener Symbole: Weg, Wüste, Wasser, Labyrinth . . . oder vgl. die Themen in meinem »Lese- und Übungsbuch zum religiös-geistigen Fasten.«

Soziales Fasten

Unsere Erfahrungen damit sind noch begrenzt. Doch entsprechend der schon dargelegten Dreiheit von »Fasten-Beten-Teilen/Nächstenliebe« können wir im Umfeld der Teilnehmer bzw. der Kirchengemeinde nach konkreten Möglichkeiten zur Verwirklichung der sozialen Dimension suchen; z. B. den Geldbetrag, den ich durch das Fasten gespart habe, ganz oder teilweise für ein bestimmtes Projekt spenden; während der Fastenwoche lernen, jemanden in der Nachbarschaft . . . besser zu ertragen, mit ihm meine Zeit teilen, ihn besuchen, ihn anhören . . . Ähnliches gilt im Blick auf einzelne Teilnehmer der Fastengruppe, bei denen mir das schwerfällt. Einen sozialen Dienst für eine gewisse Zeit übernehmen (in kinderreicher Familie der Mutter etwas Zeit für sich ermöglichen, Kranke betreuen, Besuchsdienst bei älteren Menschen . . .); sich im eigenen Lebensumfeld informieren, erkennen, was notwendig wäre, Wege suchen, was ich zur Verbesserung beitragen kann und mich für eine Möglichkeit einsetzen . . . Je nach Situation vor Ort sollten hier die Teilnehmer und Veranstalter nach Möglichkeiten suchen, eventuell sich für eine gemeinsame Sache entscheiden (nicht erzwingen!) bzw. dazu einladen, im persönlichen Alltag diese Dimension des Fastens zu verwirklichen.

3. Fastenwochen planen und organisieren – Anregungen für Veranstalter

Eine Fastenwoche, sei es in der beschriebenen Form mit täglichen Gruppentreffen oder als ganzwöchiges Angebot in einem Bildungshaus, ist noch eine verhältnismäßig wenig praktizierte Veranstaltungsform kirchlicher Erwachsenenbildung. Entsprechend sorgfältig muß sie vom Veranstalter geplant, angekündigt und organisiert werden.
Der Veranstalter muß wissen, was er will, wen er ansprechen will, die Rahmenbedingungen seines Fastenangebots klären bzw. festlegen und die Adressaten darüber informieren, um bei ihnen Informationslücken, Unsicherheiten und Ängste abzubauen. Manch gutgemeintes Engagement scheitert aufgrund seiner Ziellosigkeit und ungenügender

Planung, weil man Planung und Zielorientierung falsch versteht. Ziele setzen ist keine Festlegung auf ewig, ebenso wie Planung nicht gleich Einengung bedeutet. Oft wird statt Planung mehr Improvisation gefordert. Diese Alternative ist falsch, denn wir müssen beide Aspekte sehen. Eine Planung ohne Improvisation ist leblos, eine Improvisation ohne Planung wird meist ziellos. Beide müssen sich in der konkreten Situation ergänzen. Angemessene Planung steckt den Rahmen ab, mit Hilfe der Improvisation gestalten wir veränderte oder unvorhergesehene Situationen. In diesem Verständnis werden Ziele zu einem Wegweiser für die Planung und für die didaktisch-methodische Gestaltung einer Fastenwoche im jeweiligen Verantwortungsbereich des Veranstalters und des Fastengruppenleiters.

Wie plane ich eine Fastenwoche mit täglichen Gruppentreffen? Wollten wir ausführlich auf diese Frage eingehen, dann müßte der Verfasser vieles von dem wiederholen, was er in den anderen Veröffentlichungen als Hilfe zur Planung von Erwachsenenbildungsveranstaltungen ausführlich entfaltet hat. Der interessierte Leser kann das dort nachlesen[6]. Hinzu kommt, daß sicher viele Leser schon Erfahrungen haben mit der Planung von Erwachsenenbildungsveranstaltungen und so wichtige Fragen beachten, wie vor allem:

- Wo stehen wir? (Zielorientierung)
- Wie beteiligen wir Adressaten bzw. Teilnehmer? Wen gewinnen wir als Mitarbeiter? (Mitverantwortung, Eigeninitiative)
- Welche Veranstaltungsform ist für uns geeignet? Was geht voraus, was folgt nach? (Begegnungsform, Dialog, kontinuierlich arbeiten, geeignete Räume, Raumgestaltung . . .)
- Bieten wir die Veranstaltung alleine an? Mit wem müssen wir sie terminlich abstimmen? Mit wem könnten wir sie gemeinsam veranstalten? (Koordination, Kooperation)
- Welche Voraussetzungen müssen wir schaffen, damit die Veranstaltung für die Teilnehmer zum Erfolg wird? (Didaktisch-methodische Erkenntnisse der Erwachsenenbildung)

Daher wird hier auf eine systematische Darstellung von Schritten zur Planung einer Fastenwoche verzichtet, da die allgemeinen Planungskriterien auch für Fastenwochen gültig sind. Dagegen werden im folgenden, gleichsam ergänzend, einige spezifische Erfahrungen aus unserer Planung von Fastenwochen vorgestellt. Ohne große Systematik verstehen wir sie als Anregungen für Veranstalter, was neben einer systematischen Planung, neben den schon vorgestellten Erfahrungen und Hinweisen (vgl. 2.1, Seite 55) speziell bei der Vorbereitung einer Fastenwoche noch zu beachten und hilfreich ist.

3.1 Warum fasten? – Motive und Anlässe

Es wurde schon kurz darauf verwiesen, daß die Teilnehmer einer Fastengruppe sich aus sehr verschiedenen Beweggründen zum Fasten entschließen. Oft ist ihr Motiv noch sehr schwammig oder mehrere Motive beeinflussen ihre Entscheidung. Für den Veranstalter ist es zum einen notwendig, bei der Werbung (Presse, Einladung . . .) für das Fastenangebot die häufig auftretenden Motive zu kennen und zu berücksichtigen, zum anderen muß er in der Informationsphase deutlich seine Ziele und inhaltlichen Schwerpunkte aufzeigen, die nach unserem Verständnis weit über vordergründige Teilnehmermotive wie z. B. »Das muß ich mal erlebt haben« oder »Ich will nur abnehmen, alles andere interessiert mich nicht« hinausgehen.

Die folgende Liste möglicher Motive und Anlässe will Veranstalter anregen, entsprechend ihrer örtlichen Situation über konkrete Teilnehmermotive nachzudenken und bei der aktuellen Planung einer Fastenwoche zu berücksichtigen.

Fasten ist »in«
Modetrend; man muß das mal erlebt haben; auch Bekannte fasten und das, was die können, kann ich auch; ich muß doch mitreden können . . .

Neugierde
Kann ich 5 Tage ohne feste Nahrung auskommen?; Wie reagiere ich körperlich und seelisch darauf?; Was ich gehört und gelesen habe, reizt mich zum Probieren; Hoffen auf geistige Erleuchtung . . .

Umgebung/Jahreszeit
Erfahrungen anderer stecken an. Möchte abnehmen und nicht mehr so dick erscheinen. Aus Solidarität zum Partner, zur Familie oder für andere (z. B. was ich spare, spende ich für einen guten Zweck). Im Frühjahr bricht alles neu auf, warum nicht auch ich? Mit Gleichgesinnten fasten; das Thema; die Gespräche und gemeinsamen Aktivitäten . . .

Gesundheit
Abnehmen, entschlacken, entgiften; vom Arzt empfohlen; In der Hoffnung, daß meine Allergie, Migräne, chronische Erkältung u.a.m. nachläßt oder verschwindet. Von festgefahrenen Essensgewohnheiten Abstand nehmen, um anschließend weniger zu essen und mich anders zu ernähren. Um Gesundheitsschäden vorzubeugen; mich wohler zu fühlen.

Religiös-christliche Beweggründe
Eine alte Tradition neu erleben und dabei Anregungen für die eigene Lebensgestaltung finden.
Zeit nehmen für sich, andere Menschen und die Beziehung zu Gott. Vorbereitung auf ein Fest (Ostern, Weihnachten) oder eine wichtige Entscheidung. Sich mit Leib und Seele auf das Thema der Fastenwoche einlassen. Erkennen, wer ich bin, wo ich gerade stehe und daraus Kraft gewinnen, umzukehren, Veränderungen vorzunehmen, den eigenen Weg zu finden.

3.2 Warum Fasten? – Mißverständnisse und Widerstände

Fastenwillige und Faster finden nicht nur Unterstützung, sondern stoßen bei sich selbst, in ihrem Lebensumfeld (Familie, Nachbarschaft, Freunde, . . .) und in der Öffentlichkeit (öffentliche Meinung) auch auf Unverständnis, Skepsis, Widerstände und sogar auf Ablehnung. Dazu im folgenden eine sicher ergänzungsbedürftige Auflistung möglicher Schwierigkeiten, mit denen Fastende rechnen müssen.

Beim Faster selbst
Zunächst *zweifelt er an sich selbst;* kann ich ohne feste Nahrung auskommen? Halte ich das durch? Ich brauche doch morgens meinen Kaffee für den Kreislauf! Was ist, wenn ich abbrechen muß, mache ich mich dann nicht lächerlich? Habe ich das bei meiner Figur überhaupt nötig? Darf ich bei meiner gesundheitlichen Konstitution oder während meiner derzeitigen beruflichen Belastung fasten? Halte ich der »essenden Umwelt« stand? Ich muß doch für meine Familie kochen, und dann soll ich noch fasten – geht das? Kann ich das? Abführen durch Einlauf – muß ich das? . . .
Viele Fragen, Sorgen und Ängste werden hervorgerufen durch *fehlendes oder ungenügendes Wissen* über körperliche Vorgänge, Zeichen und Veränderungen beim Fasten, z. B. im Blick auf die Umstellung der Ernährung von außen auf die von innen, die Entschlackung, den Urin, die Haut, den Kreislauf, Darm, Zunge und Mund, . . .[7] oder: Was muß ich tun während des Fastens, wenn ich Kopfweh bekomme, mich schlapp fühle, mir die Schultern schmerzen . . .?
Auch *ungenügende innere Einstimmung und Vorbereitung* sowie eine *halbherzige Entscheidung* für das Fasten, können verunsichern und ängstigen. Die jeweilige Stimmungslage, hervorgerufen durch körperlich-seelische Veränderungen während des Fastens, wirkt hier verstärkend oder helfend.
Schließlich beginnen manche Faster mit *zu hohen Erwartungen* (z. B. Migräne oder so viele Pfunde müssen weg . . .) ihre Fastenwoche. Je nach persönlicher Konstitution wirkt dieser innere Druck, vor allem, wenn äußere Schwierigkeiten hinzutreten, belastend. Solche Fastenteilnehmer verkrampfen oft, können sich nicht entspannen und ihr Fasten ohne Hungergefühle genießen.

Das Umfeld des Fasters
Dieses Umfeld ist vielschichtig und reagiert auf Fastenwillige und Faster in der Spannbreite von bewundernd bis ablehnend.
Die Entscheidung zum Fasten muß jeder selbst treffen, doch auch die *Familie* ist davon betroffen. Sie frägt an: Hast du das nötig? Warum machst du das? Müssen wir auch mitfasten? Bekommen wir unser Essen wie gewohnt? Was ist, wenn du schlapp machst und für uns nicht mehr so da sein kannst, wie wir es gewohnt sind? . . . Während des Fastens – sobald körperlich-seelische Schwierigkeiten auftreten, z. B. in der Umstellungsphase – muß der Faster vielleicht vom Ehepartner oder den Kindern mit versteckten oder offenen Vorwürfen rechnen: Hab ich's nicht gleich gesagt? Denk an deine Gesundheit! Hör auf, du schaffst das doch nicht! . . .
Auch das *nachbarschaftliche und berufliche Umfeld* kann mit ähnlichen kritischen, stichelnden und herabsetzenden Fragen, Bemerkungen und Aussagen, z. B.: Das ist doch gefährlich! Ach, du Ärmster! Gutes Essen hat noch keinem geschadet! Willst wohl was Besseres sein, was? . . ., die Entscheidung des Fasters und sein Selbstbewußtsein untergraben.

Schließlich spielen auch die öffentlichen Diskussionsbeiträge, in denen vor dem Fasten gewarnt wird, eine Rolle. Sie verunsichern, statt zu motivieren, das eigene Halbwissen über Fasten, ernährungsbedingte Krankheiten u.a.m. abzubauen. Viele Ärzte haben keine Fastenerfahrungen. Daher können sie auch selten sachlich informieren und beraten. Mancher Arzt nutzt seine medizinische Fachkenntnis dann auch mehr zur Warnung vor möglichen Gefahren des Fastens, als zur sachlichen Information.

Was kann der Veranstalter gegen solche Mißverständnisse und Widerstände tun? Wie kann er Interessenten in der Entscheidungsphase und während der Fastenwoche hilfreich unterstützen? In Weiterführungen der bisherigen Anregungen sollte der Veranstalter:

- einem falschen Verständnis von Fasten durch eindeutige Informationen über Ziel und Inhalte, Erfahrungen und Form, fachliche Grundlagen und Begleitung, Anforderungen und Erwartungen einer Fastenwoche entgegenwirken;
- eindeutig die Grenzen einer Fastenwoche als freiwilliges und eigenverantwortliches »Fasten für Gesunde« aufzeigen sowie die Teilnahmekriterien offenlegen und einhalten;
- für eine erfahrene Fastengruppenleitung sorgen, die fähig ist, den Teilnehmern zu helfen, wenn während des Fastens Zweifel, Unsicherheiten oder Anfechtungen durch die Umwelt auftreten, und die sich durch fachliche Qualifikationen in den schon mehrfach erwähnten Dimensionen des Fastens sowie in der pädagogischen Arbeit mit Erwachsenen auszeichnet;
- äußere Rahmenbedingungen schaffen, die eine offene und angenehme Gruppenatmosphäre (z. B. durch flexible Aktivitäten und Gesprächsformen, Bewegungs- und Entspannungsübungen ...) ermöglichen, denn die Fastengruppe ist erfahrungsgemäß die erfolgreichste Stütze für den einzelnen;
- sich selbst mit möglichen Widerständen und Halbwahrheiten auseinandersetzen und sie sowohl in der Informationsphase als auch während der Fastenwoche durch geeignete Maßnahmen abbauen.

Erfahrungsgemäß greifen diese Maßnahmen um so besser, je mehr es bei der Planung gelingt, sich in die Situation des Fastenwilligen und Fasters sowohl gedanklich wie auch emotional hineinzuversetzen. Dazu sind eigene Fastenerfahrungen eine nicht zu unterschätzende Hilfe, die unser Verständnis und den Umgang mit Motiven und Widerständen wesentlich erleichtern. Für jeden Veranstalter sind Rückmeldungen der Teilnehmer wichtig. An ihnen kann er ablesen, ob seine Bemühungen hilfreich waren, z. B. wenn Teilnehmer auf die Frage am Ende einer Fastenwoche: »Was hat Sie unterstützt, die Fastenwoche durchzuhalten?« antworten:

- die offene Gesprächsatmosphäre in der Gruppe,
- der Erfahrungsaustausch über das, was mich gerade während des Fastens bedrückt,
- die neue Erfahrung, daß es mir auch ohne Kaffee, Rauchen, täglichem Essen, gutgeht,
- die sachlichen Vorinformationen und fachlichen Auskünfte durch den Fastengruppenleiter,
- meine Familie und ihr Verständnis während meiner Fastenzeit,
- Entspannungs- und Bewegungsübungen, Meditationen,
- die täglichen Treffen mit Menschen, die mitfasten,
- das hilfreiche Begleitmaterial,
- der Fastengruppenleiter und seine einfühlende Begleitung,
- das religiöse Leitthema ...,
- die Verbindung von körperlichem und religiösem Fasten,
- mein Wohlbefinden.

Andere Teilnehmer nutzen den festlichen Abschlußabend einer Fastenwoche, um ihre Erfahrungen in Versform zusammenzufassen und der Fastengemeinschaft und den Verantwortlichen als »kreative Rückmeldung« (Gedicht, Spiele, Lied ...) vorzustellen.

3.3 Was ist noch zu beachten? – Erfahrungen, Beobachtungen, Überlegungen

Bei der Planung einer Fastenwoche muß vieles bedacht werden. Anregungen zu den grundlegenden Elementen wie z. B. die Qualifikation des Fastengruppenleiters, die Fastengruppe, den Gesamtaufbau einer Fastenwoche für Gesunde, die Bedeutung der Informationsphase u. a. wurden schon vorgestellt. Es ist aber hinreichend bekannt, daß kleine Aufmerksamkeiten bzw. Unaufmerksamkeiten oft große positive bzw. negative Folgen haben können. Die stichwortartigen Hinweise wollen daher Aufmerksamkeit des Veranstalters auf solche *»Kleinigkeiten«* richten und ihn einladen, entsprechend seiner vorgegebenen Situation nachzudenken und zu handeln. Die folgenden gesammelten Anregungen werden dabei entlang des Übersichtsplans einer Fastenwoche (vgl. Seite 55) ohne weitere Systematik dargestellt.

Information

(1) Die Verwirklichung der Ziele und planerischen Vorüberlegungen für eine Fastenwoche beginnen mit der *Werbung* für dieses konkrete Angebot und als Teil der Öffentlichkeitsarbeit des Trägers. Wir wollen uns hier auf werbende Aspekte für die Fastenwoche beschränken, doch darauf hinweisen, daß das Image des Trägers in der Öffentlichkeit das Zustandekommen eines jeden Angebotes wesentlich beeinflußt, z. B. ist die Frage wichtig: Trauen die Menschen uns hilfreiche Antworten zu diesem Thema, zu dieser Frage ... zu? Werbung für eine Fastenwoche, d. h. zunächst klare eindeutige Informationen entlang der bekannten W-Fragen:

WAS?	– Thema, Inhalte, Schwerpunkte,
WANN?	– Termin, genaue Zeitangaben, Beginn, Dauer,
WO?	– Ort, Raum, eventuell Wegweiser,
WIE?	– Veranstaltungsform, Anmeldung (Wann? Wo? Wie?), Bedingungen, z. B. Informationsabend, Haftungsausschluß unterschreiben, Teilnehmergebühren ...
WARUM?	– Anlaß, Gründe und Ziele der Fastenwoche, Hinweise auf Aktualität, neue Lebensmöglichkeiten, christliches Verständnis neu beleben ...
WER?	– Veranstalter, Kontaktadresse, Fastengruppenleiter, seine Erfahrungen und Kompetenz, Beratung durch ...
WOZU?	– Was bringt die Fastenwoche ihm, dem Teilnehmer?

Mit diesem Frageraster können wir für das gesamte Fastenangebot die entsprechenden Texte entwerfen und auf die einzelnen Werbeträger, z. B. Einladung als Faltblatt, Pressemitteilung, politisches oder kirchliches Gemeindeblatt, Kanzelverkündigung, Handzettel ... abstimmen, denn je nach Werbeträger sind die W-Fragen nur geringfügig in eine andere Reihenfolge zu ordnen. Bedenken Sie aber, der Leser kann nicht gleich zurückfragen, dementsprechend eindeutig und konzentriert müssen die Informationen sein.

(2) *Einstimmen* auf das Fasten, das ist für viele Interessenten sehr wichtig. Daher kann es sinnvoll sein, den Informationsabend nicht erst 3 Tage vor Beginn der Fastenwoche anzubieten, sondern schon acht Tage vorher. Eine weitere Möglichkeit bieten Impulsfragen und Antworthilfen zusammen mit dem einladenden Faltblatt: z. B. Wann darf ich fasten? Wann sollte ich einen Arzt fragen? Ist der Zeitpunkt des Fastens für mich günstig? Wo kann ich mich jetzt schon über das Fasten informieren? ...

(3) *Anmeldungen* zur Fastenwoche sollten erst nach der offenen Informationsveranstaltung (gleich anschließend oder ab dem nächsten Tag) möglich sein. Hier können auch noch offene Fragen geklärt werden. Die Interessenten können ihre Entscheidung, an einer Fastenwoche teilzunehmen, erst auf dem Hintergrund der vorgestellten Ziele, Schwerpunkte, Voraussetzungen und Bedingungen treffen. Mit der schriftlichen Anmeldung wird auch gleich der Haftungsausschluß unterschrieben und möglichst die Teilnahmegebühr bezahlt.

Einstimmung

(1) Das *einführende* und damit das *erste Gruppentreffen* sollte 1–2 Tage vor dem Entlastungstag sein. Neben dem sich Kennenlernen, der meditativen Einstimmung, kommen hier viele Fragen der Teilnehmer (auch ihre Ängste, Sorgen ...) schon zur Sprache; es ist notwendig, konkret zu informieren, z. B. über die notwendigen Einkäufe (möglichst schriftlich) für die Fastenwoche. Dazu brauchen vor allem die berufstätigen Teilnehmer bis zum Entlastungstag etwas Zeit, und als Veranstalter möchten wir sie nicht unter Zeitdruck setzen. Au-

ßerdem beziehen wir die Grundregel des Entlastungstages, »*weniger* essen«, auch auf die Erledigung mancher Arbeiten, die Entscheidung für das Fasten und die innere Einstellung, z. B. »Jetzt beginne ich und muß reinen Tisch machen, damit ich mir für das Fasten Zeit nehmen kann«, d. h. manches wird noch erledigt, in allem will ich nun etwas weniger tun, um mich ganz auf das Fasten konzentrieren zu können.

(2) Der *Entlastungstag* ist für uns immer der Donnerstag. Wie schon angedeutet, berücksichtigen wir die Erfahrung, daß viele Faster am 2. oder 3. Fastentag die körperliche Umstellung am stärksten spüren. Da diese jedoch auf das Wochenende und nicht auf die Arbeitstage fällt, besteht für sie die Möglichkeit, es langsamer angehen zu lassen, sich nicht zu sehr zu belasten, sich nach Bedarf hinzulegen ..., um so Körper, Geist und Seele Zeit und Ruhe zur Umstellung zu lassen.

(3) Wir empfehlen den Fastenden auch, ein *persönliches Fastenprotokoll* oder Tagebuch zu führen. Während des Fastens geschieht äußerlich und innerlich so viel, daß es sich lohnt, dies schriftlich festzuhalten. Gerade die schriftliche Fixierung persönlicher Beobachtungen und Gedanken erleichtert die Auseinandersetzung damit, wirkt oft befreiend und bietet die Gelegenheit, sich an Erfahrungen und Vorsätze später wieder leichter zu erinnern.

(4) Der *Raum* für die Gruppentreffen sollte ganzheitliches Arbeiten ermöglichen, d. h. Bewegung, Entspannung, Meditation, Gespräch sind wichtige Bestandteile der Fastenwoche. Ein angenehmer, ruhiger und freundlich gestalteter Raum ist dazu eine wichtige Voraussetzung. Außerdem bieten wir Tee oder Mineralwasser während der Gruppentreffen an (im Teilnehmerbeitrag enthalten). Je nach Jahreszeit bietet es sich an, den Raum entsprechend zu gestalten, z. B. aufbrechende Knospen, Bilder, Tannenzweige, Kerzen ...

Fasten

(1) Die *Dimensionen des Fastens* werden im Verlauf der Gruppentreffen in unterschiedlicher Intensität berücksichtigt. Wie schon kurz erwähnt, steht für die Teilnehmer, vor allem am Anfang der Gruppengespräche und wenn sie erstmals fasten, das körperliche Geschehen und die Veränderungen im Vordergrund. Es wäre daher nicht klug, in dieser Phase die religiöse Dimension direkt, oder weil wir als christliche Veranstalter darauf doch besonders Wert legen müssen, verstärkt einzubringen. Wir müssen den Teilnehmern Zeit lassen, Beobachtungen und Erfahrungen mit dem körperlichen Fasten in der Gruppe zu besprechen. Die Fragen der Teilnehmer dazu nehmen in den ersten beiden Gruppentreffen mehr Zeit in Anspruch, doch sie reduzieren sich in den folgenden Tagen, an denen sich mehr Zeit für andere Themen und Inhalte ergibt. Das bedeutet nicht, die religiöse Dimension des Fastens anfangs zu verschweigen, sondern es ergibt sich daraus an die Fastengruppenleitung die Anforderung, religiöse Elemente des Fastens methodisch behutsam und in Verbindung mit den Fragen der Teilnehmer schrittweise einzubringen (z. B. über Entspannungsübungen, Meditation, Ruhepausen, Texte der alten Kirchenväter, Bildbetrachtung, Körperübungen, Brauchtum ...). Gerade suchende oder dem kirchlichen Leben gegenüber skeptische Menschen brauchen Zeit und dürfen nicht durch religiösen Übereifer abgeschreckt werden. Wir dürfen die religiöse Latte nicht zu hoch legen. Fasten ist an *alle* eine Einladung anzufangen, sich auf den Weg zu machen. Dementsprechend müssen wir alle Teilnehmer als Suchende sehen, sie ernst nehmen, sensibel ihre versteckten und direkten religiösen Fragen wahrnehmen und ihnen offen, ohne falschen missionarischen Drang begegnen, kurz: mit ihnen Fasten erleben und gemeinsam befreiende, d. h. für uns auch christliche Erfahrungen machen.

(2) Die *Gruppentreffen* finden bei uns um 17.30 oder 19.30 Uhr statt. Auch Vormittagsangebote 9.30–11.30 Uhr finden regen Zuspruch. Das Material zum Leitthema (aus dem Begleitbuch »Fasten –

dem Leben Richtung geben. Übungs- und Lesebuch ...«) an den einzelnen Tagen hat dabei eine begleitende und stützende Aufgabe. Einerseits für den Fastengruppenleiter, indem er aus »Tagestexten« jeweils Teile auswählt, sie als Impuls, zur Vertiefung oder zum Abschluß eines Gesprächs einsetzt und sie so in die Gruppentreffen integriert, andererseits für den Faster, der die »Tagestexte« meist am Abend vorher erhält und sich je nach seiner Situation damit beschäftigen kann.

(3) Während des *Wochenendes* treffen sich die Gruppen, wie schon kurz angesprochen, zu unterschiedlichen Zeiten, z. B. Samstag nachmittag gemeinsamer Spaziergang mit Gesprächen in Kleingruppen, Erfahrungsaustausch bei heißem Tee, je nach Jahreszeit eine Station an einem Wegkreuz oder in einer kleinen Kapelle ..., am Sonntag 11.00 Uhr Meditation zum Thema des Tages und anschließend gemeinsam die Gemüsebrühe genießen ... Der Samstag kann auch als ganzer Besinnungstag gestaltet werden, an dem z. B. Interessenten aus 2–3 Fastengruppen teilnehmen. Je nach Festzeit wird hier verstärkt, aber auch in die täglichen Gruppentreffen, das jeweilige Brauchtum einbezogen.

Aufbau

(1) Das sogenannte *Fastenbrechen* geschieht in der Regel durch den Faster allein. Positive Erfahrungen konnten wir aber – vor allem in den Vormittagsgruppen – bei gemeinsamem Fastenbrechen, z. B. bei einer Apfelmeditation, sammeln. Bewußtes Essen, Gespräche, Gebet, Dank, ... sind bedeutsame Teile dieses gemeinsamen Fastenbrechens. Denn das Fastenbrechen ist der Schlüssel zum Erfolg für eine bewußte Neuorientierung des Essensverhaltens.

(2) Beim *Abschlußfest,* möglichst erst am 3. Aufbautag, blicken die Teilnehmer stolz auf die Fastenwoche zurück, sie leben befreit die Gegenwart und freuen sich auf eine sinnvollere Lebensgestaltung in der Zukunft. Das kann jeder an den Gesichtern, den strahlenden Augen und der offenen Atmosphäre ablesen. Ein festlich gestalteter Raum und Meditation, Gespräche, Lieder, eigene Gedichte, Spiele ... meist von Teilnehmern selbst vorbereitet, fassen die gemeinsamen Erfahrungen während der Fastenwoche zusammen und sprechen alle Dimensionen eines ganzheitlichen Fastens an. Dabei darf das obligatorische Glas »Mineral-Sekt« nicht fehlen. Hier laden wir auch zu einem schriftlichen (mit Fragebögen) und mündlichen Rückblick ein und sammeln Wünsche für weiterführende Veranstaltungsangebote.

Weiterführende Angebote

Die Fastenwoche ist für viele Teilnehmer ein echter Neubeginn. Dementsprechend sind sie motiviert, sich wieder zu treffen und weiterführende Angebote wahrzunehmen. Als Veranstalter gehen wir zum einen auf diese Wünsche ein, z. B. durch Kurse zur Vollwerternährung, und wir unterstützen die ehemaligen Faster, wenn sie sich z. B. monatlich zu einem »Fasten-Stammtisch« oder nach 4–6 Wochen zu einem erneuten Erfahrungsaustausch (Wie geht es mir jetzt? Wie konnte ich meine Fastenvorsätze durchhalten?) treffen wollen. Zum anderen legen wir Wert darauf, daß die Interessenten regelmäßige Treffen oder Aktivitäten selbstverantwortlich übernehmen. Oft läßt das Bedürfnis nach gemeinsamen Treffen schnell nach. Daher richten wir unsere Aufmerksamkeit auf Bemühungen, in denen wir die positiven Erfahrungen der Teilnehmer mit uns als kirchlichem Träger und deren Suche nach einer sinntragenden Lebensgestaltung durch andere interessierende und sinnstiftende Veranstaltungen aufgreifen, verstärken und möglichst sinntragende Antworten bieten.

Fasten für Gesunde – Was aber machen die anderen?

Nicht alle Menschen können (z. B. aus gesundheitlichen Gründen) oder wollen (z. B. weil sie es sich noch nicht zutrauen) in der hier bevorzugten Art (Obstsäfte, Gemüsebrühe) fasten. Viele sind aber auch unzufrieden mit ihrer eigenen Art der Festvor-

bereitung in der Fasten- oder Adventszeit. Meist am Ende, wenn das jeweilige Fest überstanden ist, nehmen sie sich vor: »Das nächste Mal mache ich alles ganz anders«. – Doch wenn es so weit ist, bleibt alles, wie es war. Andere wieder sind gerne zu einer anderen Art von »Verzicht« bereit, z. B. während der Fastenzeit. Sie wünschen sich aber gerade im religiösen Bereich eine unterstützende Begleitung.
Was kann eine Kirchengemeinde diesen Interessengruppen anbieten? Gute Erfahrungen konnten wir bisher mit einer Gesprächsreihe in der Fastenzeit sammeln (wöchentliche Gruppentreffen). Die Teilnehmer werden unter einem Leitthema zu dieser Gesprächsreihe eingeladen. Sie üben, jeder auf seine Weise, »Verzicht« oder können auch im Interesse eines bestimmten Projektes verzichten und mit anderen teilen. Veranstalter und Leiter sollten nur beim 1. Treffen mit den Teilnehmern solche Möglichkeiten des Fastens und Verzichtens klären. Mögliche Themen für solch eine Gesprächsreihe wären:

Gesamtthema:
Fastenzeit – meinem Leben Richtung geben

1. Treffen	Fastenzeit – eine neue Chance, die Weichen meines Lebens neu zu stellen
2. Treffen	Loslassen, aufbrechen, vertrauen
3. Treffen	Mein Körper und mein Leib
4. Treffen	Schwächen und Grenzen sehen, annehmen und daran wachsen
5. Treffen	Befreiende Begegnung leben
6. Treffen	Auf der Suche nach Gott
7. Treffen	Auferstehung – mit offenen Augen täglich neu leben

Materialien zur inhaltlichen Gestaltung dazu findet der Leser in dem Lese- und Übungsbuch »Fasten – dem Leben Richtung geben«.

4. Fastenwochen didaktisch-methodisch gestalten

Anregungen für Fastengruppenleiter/innen

Im Rückblick auf eine Fastenwoche bezeichnen die Teilnehmer immer wieder die Gruppe, die inhaltlich-methodische Gestaltung und den Fastengruppenleiter als entscheidende Faktoren für ein gutes Gelingen. Aus didaktisch-methodischer Sicht wird damit die Bedeutung des Gruppenleiters herausgestellt, der insbesondere für die Leitung von Fastengruppen Kenntnisse und Fähigkeiten allgemeiner und spezieller Art besitzen sollte. Was wird von ihm erwartet? Was heißt lernen und arbeiten mit einer Fastengruppe? Was sollten wir an den einzelnen Fastentagen alles beachten und ansprechen? Wie können die einzelnen Dimensionen im Sinne eines »ganzheitlichen Fastens« eingebracht und berücksichtigt werden?
Auf diese Fragen wollen wir nun eingehen, aber mit der Einschränkung, daß hier weder ein didaktisch-methodisches Planungsinstrument noch eine gruppenpädagogische Anleitung vorgestellt, entfaltet und reflektiert wird. Dies setzen wir voraus, bzw. sie können in einschlägiger Literatur nachgelesen werden[8]. Vielmehr möchten wir hier zunächst die »Voraussetzungen und Erwartungen« hinsichtlich der Aufgaben eines Fastengruppenleiters benennen, zweitens wesentliche »Prinzipien und Gestaltungsregeln« für das Lernen und Arbeiten mit Fastengruppen zusammenfassen und drittens eine Sammlung »stichwortartige Anregungen zur inhaltlichen Gestaltung einer Fastenwoche« für den Fastengruppenleiter vorstellen. Dies alles entbindet ihn nicht von der Aufgabe, diese Anregungen unter den Bedingungen seiner Situation zu reflektieren und die einzelnen Gruppentreffen während der Fastenwoche didaktisch-methodisch zu planen und zu verwirklichen.

4.1 Fastengruppenleiter/innen – Voraussetzungen und Erwartungen

Die zentrale *Voraussetzung* zur Leitung von Fastengruppen sind *eigene Fastenerfahrungen* (mindestens zwei Fastenwochen). Die eigenen Erfahrungen der körperlichen Umstellung von äußerer auf innere Ernährung, der physischen und psychischen Höhen und Tiefen, des alltäglichen bewußten Hörens auf und Beobachtens von körperlichen, geistigen und stimmungsmäßigen Veränderungen, des befreienden Weges, des Wohlbefindens, aber auch des täglichen Umgangs mit Schwierigkeiten und praktischen Notwendigkeiten (bürsten, abführen, Zeit nehmen, Leberwickel, Besinnungstext bedenken ...), ... kann durch noch so informative Lektüre nicht ersetzt werden. Ein Fastengruppenleiter benötigt zunächst eigene Fastenerfahrungen, möglichst in einer Gruppe. Er sollte aber auch als Leiter einer Gruppe mitfasten. Er wirkt glaubhafter und ist einfühlsamer, wenn er die Gruppe *fastend* begleitet. Um eventuellen Anfangsschwierigkeiten auszuweichen, beginnen manche Fastengruppenleiter schon zwei Tage früher mit ihrem Fasten, damit sie sich dann ganz auf die Gruppe konzentrieren können.

Erfahrungen allein aber genügen nicht. Hinzu müssen die *wichtigsten Kenntnisse zum »körperlichen Fasten«* kommen, die über geeignete Lektüre, in Weiterbildungskursen und Hospitation bei einem erfahrenen Fastengruppenleiter erarbeitet werden können. Dazu gehören auch: ein Einblick in die geschichtliche Entwicklung des Fastens, Informationen über ernährungsbedingte Krankheiten, praktische Tips auf Fragen der Teilnehmer (Was mache ich, wenn ...? Darf ich oder sollte ich lieber ...?), ein Grundwissen über bzw. Erfahrungen mit Atem- und Bewegungs- und Entspannungsübungen und schließlich Kenntnisse über die Notwendigkeit und Möglichkeiten gesundheitsbewußter Ernährung nach dem Fasten.

»Ganzheitliches Fasten« schließt, das wurde in diesem Arbeitsbuch immer wieder betont, neben der körperlichen, auch die anderen Dimensionen des Fastens mit ein. Daher sollte der Fastengruppenleiter die Einstellung, aber auch Kenntnisse und Fähigkeiten haben, diese Dimensionen gestaltend in die Fastenwoche einzubringen. Dazu gehören unter anderem: einige grundlegende alt- und neutestamentliche Texte, Fasten in der Kirche früher und heute, Sinn religiösen Fastens, Zusammenspiel »Gebet – Fasten – Werke der Barmherzigkeit«, Meditation ...; und oft ist er damit auch angefragt in Glaubensfragen, die Teilnehmer an ihn herantragen. Hier aber kommt es, neben manchen hilfreichen Kenntnissen, vor allem auf die Glaubwürdigkeit des Leiters an, d. h. wie er sein Fasten, Handeln und Glauben lebt bzw. bezeugt.

Nicht jeder kann eine Gruppe leiten. Wissen und Erfahrungen über und zum Fasten müssen für die konkrete Arbeit mit Erwachsenen didaktisch-methodisch aufbereitet und geplant sowie in die Fastengruppe gestaltend eingebracht werden. Das heißt, wir erwarten vom Fastengruppenleiter einen ersten Grundstock an *erwachsenen- und gruppenpädagogischen Kompetenzen* und die Bereitschaft, seine Planung und seinen Umgang mit Erwachsenen in Gruppen immer wieder zu überdenken. Durch die didaktisch-methodische Gestaltung sollte die Integration der verschiedenen Dimensionen des Fastens geleistet werden. Dazu helfen die verschiedenartigen und bekannten Methoden[9]. Zu beachten ist auch, daß die Teilnehmer methodisch möglichst abwechslungsreich ihre Fastenerfahrungen einbringen und besprechen können. Gerade für Fastengruppen und die angezielte Integrierung von körperlicher und geistig-religiöser Dimension des Fastens eignen sich kreative Methoden, wie z. B. Meditationen (Bilder, Nußschale, Knospen, Weizenkörner, Dias, Labyrinth, Licht, Kreuz, Tür ...), begleitendes Bildererlebnis, Phantasiereisen, verschiedene Formen der Entspannung mit vertiefenden Impulsen, malen, Kurzgeschichten, Gedichte, Karikaturen, Körperübungen ... Ein weiteres methodisches Gestaltungselement ist das schon genannte Übungs- und Lesebuch »Fasten – dem Leben Richtung geben«: Die einzelnen Texte, Bilder, Geschichten ... können entsprechend dem Thema eingesetzt und/oder für den folgenden Tag als Impuls oder vertiefende Information vorgesehen werden.

Angesichts dieser Erwartungen stellt sich vielleicht

für manchen Leser die Frage: Sind diese Anforderungen an einen Fastengruppenleiter nicht zu hoch? Wir meinen, nein und ja (unter gewissen Bedingungen). Nein, weil unter »Fasten« viele, auf schnelles Abspecken und auf finanziellen Gewinn (es ist gerade »in«) angelegte Kurse, aber auch Angebote, die aus unserer Sicht auf der religiös-esoterischen Welle mitschwimmen, zu finden sind. Ersteres ist aus medizinischen und anderen Gründen nicht zu verantworten, da hier unter vordergründigen und gewinnträchtigen Motiven auf unqualifizierte Weise suchende und nicht selten auch kranke Menschen ausgenützt werden. Zum zweiten vermischen esoterisch orientierte Kursangebote biblisches und christliches Gedankengut mit esoterischem in häufig unverantwortlicher Weise und stellen Jesu als Gesundheitslehrer heraus und »benutzen« ihn in ihrem einseitigen Verständnis mit Hilfe unklarer literarischer Quellen (vgl. Seite 28ff.). Nein aber auch, weil wir die Erfahrung schätzen, wenn von einem Fastengruppenleiter »ganzheitliches Fasten« während einer Fastenwoche gelebt und von den Teilnehmern erfahren wird. Damit das gelingt, bedarf es in hohem Maß der genannten Voraussetzungen und Erwartungen. Deshalb bieten wir entsprechende *Ausbildungskurse für Fastengruppenleiter/innen* an.

Ja antworten wir auf die gestellte Frage, da wir Anfangsschwierigkeiten eines Veranstalters sehen, der noch keinen Fastengruppenleiter mit der erwarteten Kompetenz hat oder wenn eine gute Gesundheitsberaterin sich nicht fähig fühlt, z. B. die religiösen Aspekte einer Fastenwoche zu gestalten. Das Ziel eines »ganzheitlichen Fastens« bleibt immer, doch im Blick auf andere Vorgegebenheiten können z. B. auch eine Gesundheitsberaterin und ein Theologe sich die didaktisch-methodische Gestaltung teilen. Voraussetzung dazu sind Fastenerfahrungen, gemeinames Grobkonzept, klare Absprachen, Offenheit und Sensibilität für das Gruppengeschehen und die Bereitschaft, an allen Gruppentreffen teilzunehmen. Referenten, die nur einmal in eine Fastengruppe kommen und z. B. über das »Fasten in der Urkirche« reden, eignen sich nicht für diese Arbeitsform. Gleiches gilt natürlich umgekehrt, wenn z. B. Theologen meinen, Fasten sei ein rein religiöses Geschehen und die körperlichen Vorgänge bzw. die damit verbundenen Gefahren, z. B. für Menschen, die »krank« sind, nicht bedenken. Auch der Theologe bedarf der Unterstützung des fastenerfahrenen Arztes, der Gesundheitsberaterin, des Heilpraktikers oder anderer, die Fastenerfahrung sammelten und sich für diese Aufgabe qualifiziert haben.

Fastengruppenleiter/innen sollten soweit möglich die oben aufgezeigten Kompetenzen besitzen oder in einzelnen Fällen, entsprechend den vorhandenen Bedingungen, fehlende Bereiche durch fachliche Mitarbeiter abdecken. Nur wenn dies gewährleistet ist, kann er die für die Teilnehmer so bedeutende Aufgabe als Impulsgeber, Gesprächspartner und beratender Wegbegleiter während einer Fastenwoche übernehmen. Daher raten wir jedem angefragten Fastengruppenleiter, die erwarteten Aufgaben, die Ziele des Veranstalters, die Bedingungen und seine eigenen Kompetenzen zu reflektieren, bevor er sich für oder gegen diese Aufgabe entscheidet. Eine ehrliche Selbstreflexion zeigt Fähigkeiten und noch vorhandene Lücken auf. Beides sollte Anlaß sein, sich durch gezielte Weiterbildung das entsprechende Wissen und hilfreiche Fähigkeiten anzueignen.

4.2 Lernen und Arbeiten mit Fastengruppen – Prinzipien und Gestaltungsregeln

Jeder Mensch lebt seit seiner Geburt in verschiedenen Gruppen: Familie, Spielgruppe, Kindergarten, Schulklasse, Jugendclub, Arbeitsteams, Freundeskreis, Vereinsgruppe ... Das Leben in Gruppen, als Zusammensein von Menschen über einen längeren Zeitraum, ist eine menschliche Grunderfahrung. Hier sammeln wir im Nach- und Nebeneinander der verschiedenen Gruppen, in denen wir sind bzw. waren, unterschiedliche Erfahrungen. Jeder kennt auch die Erfahrung, daß wir uns in verschiedenen Gruppen unterschiedlich fühlen und verhalten und daß wir uns in derselben Gruppe während verschiedener Gruppentreffen unterschiedlich erleben.

Alle in Gruppen gesammelten Erfahrungen, seien sie reflektiert oder nur diffus wahrgenommen, beeinflussen unser Verhalten als Teilnehmer oder Leiter von Gruppen. Sie allein aber berechtigen uns nicht dazu, Gruppen mit Erwachsenen zu leiten. Dazu gehören vielmehr Fähigkeiten, die wir oben unter der Anforderung »erwachsenen- und gruppenpädagogische Kompetenzen« einordneten, z. B. Kenntnisse zum Verständnis von Kommunikationsabläufen, Erfahrungen in der Beobachtung und Gestaltung von Gruppenprozessen und Gruppenphasen, Leitungskompetenzen, wie z. B. Gesprächsleitung, Wertschätzung, einfühlendes Verstehen, Echtheit im Sprechen und Handeln . . ., die Fähigkeit zur Reflexion der eigenen Rolle, didaktisches Planen, methodische Flexibilität u.a.m. Darauf soll hier im einzelnen nicht eingegangen werden. Der interessierte Leser kann dazu in der vorgeschlagenen Literatur nachlesen. Dagegen halten wir es für wichtig, einige *Prinzipien und Gestaltungsregeln* für das »Lernen und Arbeiten in Fastengruppen« vorzustellen. Sie haben in vielem auch Gültigkeit für die Leitung von anderen Gruppen. Hier aber sind sie spezifisch für die Leitung von Fastengruppen formuliert und verstehen sich als Einladung an jeden, der diese Aufgabe übernimmt, zur Selbstreflexion sowie als Impuls zur Vorbereitung und Verwirklichung seiner didaktisch-methodischen Gestaltung der Fastenwoche.

(1) Ausgangs- und Mittelpunkt des Miteinanders in der Fastengruppe ist der *einzelne,* jederzeit lernfähige Mensch in seiner Einmaligkeit und Lebensgeschichte. Dazu gehören seine vielschichtigen Lebens- und Gruppenerfahrungen sowie sein Bedürfnis nach Anerkennung, Zugehörigkeit und Sicherheit.

(2) Lernen während des Fastens heißt für den einzelnen immer auch, auf der Grundlage bisheriger Lebens- und Lernerfahrungen, nach *Bestätigung, Orientierung und Sinn suchen.* Dementsprechend will er sich auch im Fasten als unverwechselbares Individuum erfahren, darstellen und erproben.

(3) Lernen bedeutet für den Erwachsenen immer auch »umlernen«, d. h. bisherige Lebens- und Lernerfahrungen, Erkenntnisse und Verhaltensweisen werden in Frage gestellt. Gerade während des Fastens kann das zunächst zu Verunsicherungen führen. Die Folgen für das Lernen und Arbeiten in der Gruppe können sein: selektive Wahrnehmung, uminterpretieren, überhören, abwehren von Meinungen, Ängste, sich zurückziehen, verkrampfen . . ., aber auch sensibler und offener werden für neue hilfreiche Informationen und Impulse. Andererseits ist nicht selten ein verstärktes Redebedürfnis, ein sich »Mitteilen-wollen« zu beobachten.

(4) Der einzelne *lernt mit anderen.* Die Erfahrungen des Miteinander in der Gruppe, das Einfühlungsvermögen und das Verständnis füreinander, die gegenseitige Offenheit . . . helfen dem einzelnen, Verunsicherungen und Ängste zu überwinden. Er sollte in der Fastengruppe erfahren, daß jeder auf seine Weise nach Orientierung sucht, Verunsicherungen ausgesetzt ist und sich viele Fragen miteinander leichter besprechen, bearbeiten oder gar lösen lassen.

(5) Mit Fastern lernen und arbeiten heißt daher: *von ihren Fragen, Interessen und Problemen ausgehen* und im Verlauf der Gruppentreffen immer wieder mit dem zu Lernenden zu vermitteln. Dabei ist es wichtig, daß jeder sich seiner Erfahrungen, Fähigkeiten, Probleme und Kompetenzen erinnert und sie einbringen kann. Daher ist es notwendig, die Teilnehmer aktiv am Lerngeschehen der Fastenwoche zu beteiligen und ihnen zu ermöglichen, Zusammenhänge zwischen ihren Lebenserfahrungen, ihrer Lebenssituation und dem Lerngeschehen hier besser wahrzunehmen, zu erfassen und eigenständig zu bearbeiten. Die allgemeinste, aber auch wesentlichste Form dazu ist das Gespräch.

(6) *Miteinander im Gespräch* lernen und arbeiten ist für viele nicht selbstverständlich. Für die Gestaltung solch eines kommunikativen Geschehens muß nicht nur die bekannte Frage nach der Einweg- oder Mehrwegkommunikation bedacht werden. Vielmehr sind in Fastengruppen drei weitere Aspekte zu beachten: Es gibt einen *Inhalt,* es entsteht zwischen den Beteiligten eine *Beziehung,* und die Kommunikation verläuft nach bestimmten *Regeln.* Diese Aspekte sind für die Vorbereitung und Leitung einer Fastengruppe relevant.

- *Inhaltsaspekt:* Die Fastenwoche hat ein Leitthema und beinhaltet vielfältige Teilthemen. Dazu erhalten die Teilnehmer Informationen, bringen ihr Wissen ein und sprechen miteinander. Ihre Aufmerksamkeit gilt dem Gesprächsthema und der Inhalt des Gesprächs ist direkt benennbar.
- *Beziehungsaspekt:* Wenn die Teilnehmer der Fastengruppe miteinander reden, sich bewegen, spielen . . ., dann treten sie zueinander in Beziehung. Diese Beziehung ist jedoch nicht unmittelbar greifbar wie das

Thema. »Sie bestimmt jedoch das Gespräch, die Atmosphäre weitaus stärker als die Inhalte. Im Gespräch verständigen sich die Partner nicht nur über den Inhalt, sondern auch über die Beziehung untereinander. Gesprächsbeiträge beziehen sich daher nicht nur auf die Sache, sondern auch auf die Gesprächspartner: Es wird Anerkennung, Überlegenheit, Unterwürfigkeit, Rivalität, Sympathie, Antipathie, ausgedrückt.«[10]
Dabei treten nicht selten offen oder verdeckt Schwierigkeiten im Miteinander auf, die auf der Beziehungsebene ihre Ursache haben, aber auf der Ebene der Gesprächsinhalte ausgetragen werden. »Argumente des Partners werden abgelehnt, weil man ihn nicht ausstehen kann; waghalsige Themen werden vertreten, weil man seine Überlegenheit ausdrücken will. Äußerungen des Partners werden, obwohl sie dem eigenen Standpunkt widersprechen, unterstützt, weil man ihn sympathisch findet. So kann es dazu kommen, daß Konflikte auf der Beziehungsebene in der Form von Sachauseinandersetzungen ausgetragen werden. Konflikte auf der Beziehungsebene können aber auch auf der Inhaltsebene nicht gelöst werden. Es ist notwendig, die Beziehung selbst zu thematisieren. Das muß gelernt werden«.[11]

- *Regelaspekt:* Das Gespräch in der Fastengruppe wird vom Leiter in unterschiedlichen Kommunikationsformen gestaltet: Bewegung, Spiele, Rundgespräch, Bildmeditation, Lehrgespräch, ... Jede dieser Kommunikationsformen bzw. Methoden haben jeweils eine eigene Struktur, und bestimmte Regeln ermöglichen in unterschiedlicher Weise, Inhalt und Beziehung zu gestalten und haben Einfluß auf deren Bearbeitung. Werden sie nicht beachtet, dann wirkt sich das auf den Inhalts- und Beziehungsaspekt aus, z. B. ein Erfahrungsaustausch über körperliches Fasten wird zur Plauderei, eine Entspannungsübung verfehlt ihre Wirkung, während einer Ideensammlung wird gleich kritisiert und heftig diskutiert ...

(7) Lernen und Arbeiten in Fastengruppen ist nicht nur »Kopfarbeit«, sondern will den *ganzen Menschen* ansprechen mit seinem Verstand, seinen Gefühlen, seinem Körper, seinen praktischen Fähigkeiten, in seinen sozialen Bezügen, ... Lernen wird häufig blockiert, wenn Hoffnungen, Ängste, Gefühle ... eher unterdrückt und nicht ausgedrückt werden. Damit ist gleichzeitig ausgesagt, daß wir mit den Fastern auf verschiedenen Ebenen lernen:

- auf der emotionalen Ebene des unmittelbaren Erlebens und Erfahrens (entspannen, sich in Bewegung erleben, sich betroffen fühlen ...),
- der kognitiven Ebene der Kenntnisgewinnung, der auswertbaren Erfahrungen, der Meinungs- und Urteilsbildung (Informationen über ..., Auseinandersetzung mit ...),
- der sozialen Ebene des Verhaltens und des Umgangs miteinander (Rücksicht, Einfühlungsvermögen, Engagement für ein Projekt ...),
- der praktischen/psychomotorischen Ebene als Lernen von Abläufen, Techniken und Fertigkeiten (bürsten, duschen, Einlauf, Bewegungsübungen ...).

Diese Lernebenen muß der Fastenleiter bei seiner Zielfindung, inhaltlichen Aufbereitung und Methodenwahl einerseits beachten, andererseits darf er sie nicht isolieren. Denn in der konkreten Situation wird oft eine Lernebene im Vordergrund stehen, doch sie muß stets in ihrer Verflechtung mit den anderen reflektiert werden.

(8) Die Teilnehmer fasten aus verschiedenen *Motiven* (vgl. Seite 60f.), die im Laufe einer Fastenwoche unterschiedlich wirksam werden oder sich verändern können. Darauf muß der Fastengruppenleiter vorbereitet sein. Da ist ein Teilnehmer, der zunächst Kontakt sucht, ein anderer, der sich im Gespräch überwiegend selbstbezogen darstellen will, ein Dritter, der aus Interesse am religiösen Thema die Fastenwoche besucht und bestimmte Erwartungen damit verbindet, und schließlich einer, der nur wegen seiner Leibesfülle abspecken möchte ... Das sind sehr unterschiedliche Motive, die zu Interessen- und Beziehungsschwierigkeiten in der Gruppe führen, aber auch bei entsprechender Offenheit und Gestaltung fördernd wirken können.

(9) Ein Miteinanderlernen und -arbeiten in einer Fastengruppe wird erleichtert in einer Atmosphäre,

- in welcher die Teilnehmer die Möglichkeit haben, ihre Erfahrungen und Interessen einzubringen;
- in der die didaktische Planung und das methodische Vorgehen den Teilnehmern vorgestellt (Transparenz), mit ihnen besprochen und gegebenenfalls verändert wird (gemeinsame Vereinbarungen);
- in der anschaulich, abwechslungsreich und gezielt Methoden eingesetzt werden, die den ganzen Menschen mit Körper, Geist und Seele ansprechen (Entspannung, Bewegung, Texte, Meditation, Lehrgespräch, Gruppenarbeit ...) und die Möglichkeiten veranschaulichender Arbeitsmittel (Bilder, Dias, Film, Schaubilder ...) genutzt werden;
- in der auch der Raum ansprechend gestaltet ist;
- in welcher der/die Fastengruppenleiter/in mitfastet

und sich als »lernender Wegbegleiter und Partner« aufgrund seiner Ausbildung, Erfahrung und Vorbereitung einbringt.

(10) Für den »Erfolg« einer Fastenwoche ist es vorteilhaft, wenn es der Fastengruppenleitung gelingt:

- eine angenehme, kommunikative und offene Lernatmosphäre zu schaffen;
- Raum zu geben für den Erfahrungsaustausch untereinander;
- Inhalte zu wählen, Gesichtspunkte hervorzuheben und Beispiele zu finden, die dem Auffassungsvermögen der Teilnehmer entsprechen und die für sie lebensbedeutsam sind;
- wenn neue Erfahrungen, vertiefte Beziehungen und die Entdeckung eigener Fähigkeiten möglich sind und unterstützt werden;
- im Gruppengeschehen die verschiedenen Lernebenen abwechselnd zu berücksichtigen bzw. sie miteinander zu verbinden (ganzheitliches Arbeiten);
- den Teilnehmern mit einem Umgangsstil zu begegnen, den diese auch dem Fastengruppenleiter gegenüber anwenden können;
- von Zeit zu Zeit bewußtzumachen, an welcher Stelle wir stehen im gemeinsamen Bemühen, »ganzheitliches Fasten« zu erleben;
- gezielt hilfreiche Informationen, Verstehenshilfen und Übungen (Bewegung, Entspannung ...) anzubieten;
- neue Themen und Methoden entsprechend der Teilnehmersituation einzuführen;
- ein anregendes und das Fasten unterstützendes Begleitmaterial zu entwerfen und einzubringen;
- geschickt mit dem Übungs- und Lesebuch für Einzel- und Gemeinschaftsfasten zu arbeiten.

4.3 Gesammelte Anregungen zur inhaltlichen Gestaltung einer Fastenwoche

Immer wieder werden wir von Fastengruppenleitern im Blick auf die Planung und Gestaltung von Fastenwochen gefragt: Welche Aspekte körperlichen Fastens sollten wann angesprochen werden? Wodurch, wann und wie kann die religiöse und soziale Dimension eingebracht werden? Welche inhaltlichen und methodischen Möglichkeiten haben sich bewährt? Eine Antwort als Anregung wollen wir in einer *stichwortartigen Sammlung* zur inhaltlichen und methodischen Gestaltung *einzelner* Gruppentreffen während einer Fastenwoche geben. Sammlung, d.h. zum einen sind *mehr Impulse enthalten* als in einem Gruppentreffen realisiert werden können, und zum anderen wird *keine Vollständigkeit beansprucht*. Vielmehr ist die Darstellung so offen angelegt, daß der Leser die Stichworte, Fragen, Themen ... durch eigene ergänzen kann. Gleichzeitig ist diese Darstellung ein Versuch, die notwendigen Informationen und Anregungen zum körperlichen Fasten aus dem »medizinischen Fastenführer« von Lützner aufzugreifen, zu zeigen, wann was angesprochen werden sollte und wie inhaltlich die verschiedenen Dimensionen damit verbunden und in das Gruppengeschehen eingebracht werden können. Letztlich kommt es darauf an, wie es dem Fastengruppenleiter gelingt, die einzelnen Fastendimensionen integrierend zu gestalten. Die Stichworte zur religiösen Dimension des Fastens orientieren sich am Leitthema »Fasten – dem Leben Richtung geben«. Nur wenige Texte dazu findet der Leser in diesem Arbeitsbuch. Ausführlicher entfaltet wird dieses Thema mit Einführung, Texten, Geschichten, Bildern u.a. in meinem Lese- und Übungsbuch zum gleichen Thema. Hier erhält der Leser Anregungen zu zwei Leitthemen und vor allem zur religiösen Dimension des Fastens. Sie dienen dem persönlichen Gebrauch beim Einzelfasten und beim Einsatz in Fastengruppen. Die in den folgenden Übersichten genannten Texte, Geschichten, Bilder o.ä. beziehen sich auf Elemente des genannten Übungsbuches.

Die folgende Darstellung beginnt mit dem Einführungstreffen in einer Fastengruppe. Auf den allgemeinen Informationsabend, der im wesentlichen als Vortragsabend mit anschließender Aussprache angeboten wird, wurde hier verzichtet, zumal die wesentlichen Inhalte schon bekannt sind (vgl. Seite 55f.). Auch das Abschlußfest wird nicht eigens dargestellt. Einerseits finden sich unter dem 2. oder 3. Aufbautag zahlreiche Anregungen zur Gestaltung dieses Festes, andererseits bringen in der Regel die Fastenteilnehmer genügend Ideen und Kraft für ein schönes Fest mit.

Einführungstreffen

THEMA
Fasten – meinem Leben Richtung geben, denn ich bin ich (Einstimmung ins Leitthema *dieser* Fastenwoche)

ZIELE
- sich in offener Atmosphäre kennenlernen,
- Unsicherheiten und Gesprächs-Barrieren abbauen; Erwartungen, Wünsche, Ängste, Motive aussprechen,
- offene Fragen zur organisatorischen und inhaltlichen Gestaltung der Fastenwoche sammeln und klären,
- Bereitschaft wecken, über sich und den eigenen Lebensalltag nachzudenken,
- Informiertsein über Entlastungstag und den Einkauf für die Fastenwoche.

INHALTE – Fragen, Interessen, Themen, Anregungen

Körperliches Fasten ⟷ **religiöses Fasten und Leitthema** ⟷ **seelisches und soziales Fasten**

Körperliches Fasten

- Fasten ist nicht hungern
- Was bewirkt der Verzicht auf feste Nahrung?
- Entlastungstag: Welche Art von Entlastung bevorzuge ich (Obst-, Salat-, Reistag)? Welche Art und Weise wirkt wie? Was muß ich einkaufen (Einkaufsliste für Entlastungstag und Fastenwoche)? Praktische Tips für Entlastungstag, Gewichtskontrolle . . .
- Darmreinigung/Abführmethoden – welche wirkt wie?

religiöses Fasten und Leitthema

- Geschichte des »Flusses durch die Wüste«.
- Dem Leben Richtung geben, heißt zunächst fragen: Wo stehe ich? Was ist mir wichtig?
- Fastenwoche als Einladung, »Wegzeichen« zu suchen, um meinem Leben Richtung zu geben.

seelisches und soziales Fasten

- Was bewegt mich zu fasten?
- Erwartungen, Wünsche, Befürchtungen.
- Was heißt fasten und teilen? (Geschichtlich und Sinngehalt)
- Impuls: Was wäre für uns als Gruppe möglich? Sammeln und bis zum nächsten Treffen offenlassen.
- Oder/Und: Wo verwirkliche ich soziales Fasten für mich in dieser Fastenwoche (Anregungen)?

Übergreifende Inhalte

- Anspannungs- und Entspannungsübungen
- Fasten ist mehr als Verzicht auf feste Nahrung – Dimensionen und Grundregeln des Fastens . . .
- Abschalten, zur Ruhe kommen, Meditation
- Körper: Bewegung, Atmung bewußt erleben

METHODISCHE ANREGUNGEN

- Kennenlernphase (Partnergespräch, Atomspiel . . .);
- Einführung in und Entspannungsübung mit »Mandala-Besinnung«;
- Geschichte vom »Fluß durch die Wüste«;
- Meditation: »Blick in den Spiegel« oder »Ich bin einmalig« (Daumendruck);
- Einfache Bewegungsübungen, die übergehen in Ruhephasen mit Musik;
- Um gewisses Unbehagen gegen die Darmreinigung abzubauen, ist es hilfreich, ein Einlaufgerät (Irrigator) und verschiedene Salze zu zeigen;
- In Dreier-Gruppen Anregungen zum Thema »Fasten und Teilen« sammeln, jeweils auf Papierstreifen schreiben und sich gegenseitig informieren.

Entlastungstag

THEMA
Ich bin ich –
aufbrechen und vertrauen

ZIELE
- sich besser kennenlernen und Erfahrungen über Entlastungstag austauschen,
- Teilnehmer erhalten die notwendigen Informationen zur Praxis körperlichen Fastens aus gesundheitlicher Sicht,
- stellen sich der Frage: Wer bin ich? Und sind wir bereit, über sich zu reden: Erfahrungen, Fastenmotive, Wünsche, . . .
- entscheiden sich für eine gemeinsame und/oder persönliche Anregung, während der Fastenwoche mit anderen »zu teilen«.

INHALTE – Fragen, Interessen, Themen, Anregungen

Körperliches Fasten ⟷ **religiöses Fasten und Leitthema** ⟷ **seelisches und soziales Fasten**

Körperliches Fasten

- Informationen zum 1. Fastentag (Säfte und Gemüse selbermachen oder kaufen? Rezepte . . .).
- Die »Organe« der Selbstreinigung des Körpers.
- Was kann ich tun bei Blutdruckabfall und bei Schlappheit?
- Womit und wie bürsten?
- Richtig duschen und die Haut pflegen (Wie? Wann? Was geeignet?)

religiöses Fasten und Leitthema

- »Mandala-Übung«
- Litzenburgers »Abraham«: Aufbrechen und Vertrauen; Wer bin ich in diesem Bild? Dem Leben Richtung geben? Was will ich?
- Gebet zum Aufbruch ins Fasten

seelisches und soziales Fasten

- Wie ging es mir am Entlastungstag?
- Wie wollen wir als Gruppe soziales Fasten verwirklichen? Möglichkeiten des sozialen Fastens: Auf was verzichte ich?
- Abschied nehmen von gewohnter Lebensführung (Essen, Hektik . . .) und aufbrechen in noch ungewisse Formen.

Übergreifende Inhalte

- Warum faste ich (Motive?)
- Morgen beginne ich mit dem Fasten – wie fühle ich mich? Was denke ich? Was hilft mir?
- Körperübungen: alle Gelenke durchspielen und Entspannungsphase im Stehen
- Impuls: Fastentagebuch schreiben (Was? Wie? Ziel?)

METHODISCHE ANREGUNGEN

- Erfahrungsaustausch/sich besser kennenlernen in Kleingruppen/Partnergespräche.
- Bildbetrachtung mit »Abraham« (R. P. Litzenburger); erarbeiten, was der Aufbruch ins Fasten für mich bedeutet.
- Am Vortag gesammelte Anregungen zum »Fasten und Teilen« in persönliche und gemeinsame Möglichkeiten ordnen, übersichtlich darstellen und in einer Klärungsphase über ein gemeinsames Vorhaben entscheiden.
- Vorwegnehmende Phantasiereise (Wie gut mir der 1. Fastentag gelingt!)
- Die Anregung zum Fastentagebuch verbinden mit der Übung: Was wäre mir heute wichtig aufzuschreiben?
- Praktische Anregungen und Lehrgespräch über: Aufstehen, Bürsten, Duschen, Pflege, Öle . . .

1. Fastentag

THEMA

Ich bin ich –
mit Körper und Leib

ZIELE

- Teilnehmer tauschen ihre Erfahrungen und Fragen aus und erhalten die dazu notwendigen praktischen Tips,
- werden sensibler für ihren Körper und psychosomatische Zusammenhänge,
- erleben, wie sie sich besser entspannen, gezielt bewegen, in ihren Körper hineinhören und dafür danken können,
- lernen »biblische Bilder« über den Leib kennen,
- werden bestärkt (praktische Tips und emotional), mit möglichen Fastenflauten umzugehen.

INHALTE – Fragen, Interessen, Themen, Anregungen

Körperliches Fasten ⟷ religiöses Fasten und Leitthema ⟷ seelisches und soziales Fasten

Körperliches Fasten

- Hunger oder...?
- Womit und wie bürsten?
- Sinn und praktische Handhabung eines Leberwickels.
- Ruhephasen, Bewegung, Schlaf, Entspannung (Wann? Wie? Was beachten?...)
- Soweit möglich: Spaziergang anregen.

religiöses Fasten und Leitthema

- Meinen Körper erspüren und dafür danken.
- Körper/Leib in biblischer Bildersprache.
- Psalmgebet meditieren.

seelisches und soziales Fasten

- Die Sprache des Körpers verstehen (psychosomatische Ausdrücke ...) und wie wir damit umgehen.
- Aufmerksamer »zuhören« und andere in ihrer Situation besser verstehen lernen.

Übergreifende Inhalte

- Erfahrungsaustausch über 1. Fastentag (nimmt in der Regel viel Zeit in Anspruch und kann mit der Übung: »anderen aufmerksamer zuhören« verbunden werden)
- Ich habe einen Körper und bin Leib
- Gezielte Bewegungsübungen
- Fasten: Flauten, Höhen und Tiefen...
- Was kann ich mir zumuten?
- Wie kann ich mich entspannen? (erfahren und weitere Anregungen?)

METHODISCHE ANREGUNGEN

- »Mandala-Übung« und Anhörrunde (alle sollten eine wichtige Erfahrung zum 1. Tag aussprechen) mit anschließendem Rundgespräch.
- Impulse und eventuell Übung zum »aufmerksameren Zuhören«.
- Die Sprache des Körpers, seine Signale erkennen und verstehen lernen.
- Gruppengespräch: »Wie gehe ich um mit meinem Körper?« und in dem anschließenden Lehrgespräch praktische Anregungen zum Leberwickel und Hinweise auf mögliche Fastenflauten berücksichtigen.
- Entspannungsübung als vorbereitende Einstimmung auf die verschiedenen biblischen Bilder zum Thema »Leib«. *Oder* einzelne biblische Bilder meditieren (Musik!)
- Römische Legende »Die Glieder des Leibes« als Abschluß.

2. Fastentag (Nachmittag oder ganztägig)

THEMA

Ich bin ich –
meine Schwächen und Grenzen sehen, annehmen und daran wachsen

ZIELE

- Teilnehmer tauschen ihre Fastenerfahrungen aus,
- setzen sich mit ihren Schwächen, Grenzen und positiven Fähigkeiten auseinander,
- erleben die Gruppe als Stütze und Hilfe, das Fasten und gefaßte Vorsätze durchzuhalten,
- erleben den Tag in entspannter und angenehmer Atmosphäre.

INHALTE – Fragen, Interessen, Themen, Anregungen

Körperliches Fasten ⟷ **religiöses Fasten und Leitthema** ⟷ **seelisches und soziales Fasten**

Körperliches Fasten

- Spaziergang (ca. 1 Stunde)
- Körperliche Befindlichkeit
- Eventuell wiederholen einiger praktischer Tips (je nach Fragen)

religiöses Fasten und Leitthema

- Grenzen und Schwächen sehen, aber auch Hilfen, mit ihnen zu leben.
- Was kann ich? – Fähigkeiten als Ermutigung im Umgang mit Grenzen und Schwächen. Mit welchen Schritten beginne ich?
- »Fasten – mit Versuchungen umgehen«. Versuchungsgeschichten Jesu (Mt 4,1–11) und deren Folgerungen für unseren Alltag (diese Thematik nur, wenn ganztägiges Treffen).
- Hoffnung, wo nichts zu hoffen ist?

seelisches und soziales Fasten

- Wie reagiert meine Umwelt auf mein Fasten?
- Was erlebe ich unterstützend, was hinderlich, was kostet mich viel Kraft?
- Wie kann ich dennoch durchhalten?

Übergreifende Inhalte

- Erfahrungsaustausch
- gemeinsame Teerunde (und Gemüsebrühe essen, falls das Treffen als Besinnungstag gestaltet wird)
- Bewegungs- und Atemübungen
- Entspannungs- und Ruhephasen mit Mandala und anderen Übungen

METHODISCHE ANREGUNGEN

- Inhaltliche Impulse zum Spaziergang (je nach Ziel und Zeit: Alleinsein mit den Impulsfragen oder mit einem Gesprächspartner).
- Grenzen und Schwächen: Einzelarbeit mit Impulsblatt und Partnergespräch; im Plenum sammeln wichtiger Aspekte; Möglichkeiten hilfreichen Umgangs damit erarbeiten.
- Phantasiereise in mein Leben, zu meinen Schwächen und Grenzen.
- »Was-kann-ich-Spiel«: (Einzelarbeit [3–5 Fähigkeiten sammeln]), zwei im Rundgespräch vorstellen (je nach Teilnehmerzahl die Gruppe teilen).
- Als Ergänzung: »Fasten – mit Versuchungen umgehen«: Meditation, Text ansehen unter der Voraussetzung: Jesus ist wahrer Mensch (vgl. Seite 25 ff.) und damit arbeiten. Hier können auch die Reaktionen der Umwelt auf mein Fasten eingebracht und besprochen werden.
- Vor allem in einer ganztägigen Veranstaltung ist es wichtig, immer wieder Bewegungs-, Atem- und Entspannungsübungen einzuplanen.

3. Fastentag

THEMA

Ich bin ich –
in der Begegnung mit anderen Menschen

ZIELE

- Teilnehmer erleben die Gruppe als angenehmes und die Offenheit förderndes Begegnungsfeld,
- können die befreiende Begegnung zwischen Jesus und Zachäus nachvollziehen und auf eigene Lebenssituationen übertragen,
- erkennen Fasten als einen Weg, selbst bereiter und offener für helfende Begegnungen zu werden,
- können ihre Befindlichkeit offen ausdrücken.

INHALTE – Fragen, Interessen, Themen, Anregungen

Körperliches Fasten ⟷ **religiöses Fasten und Leitthema** ⟷ **seelisches und soziales Fasten**

Körperliches Fasten

- Atem- und Bewegungsübungen
- Gemeinsam Fastenbrühe genießen und im Gebet dafür danken.

religiöses Fasten und Leitthema

- Begegnung als befreiend erfahren (Lk 19,1–10). Wie erlebe ich mich als Zachäus, als Mensch, der murrt oder wenn mich einer in Angst anspricht?
- Befreiende Begegnung im Alltag – was kann das heißen?

seelisches und soziales Fasten

- Nächstenliebe steht über dem Fasten.
- Fasten als Weg zur Gestaltung der Beziehungen zu den Menschen.
- Geschichte vom »Apfelbaum«

Übergreifende Inhalte

- Erfahrungsaustausch über körperlich-seelische Befindlichkeit
- Begegnung – das ist für mich wie . . .?

METHODISCHE ANREGUNGEN

- Bildmeditation (Zachäus auf dem Baum, S. May) mit Gespräch über diese Begegnung Jesu mit Zachäus.
- Entspannen und erinnern an Lebenssituation, in der ich »in der Klemme war« (= Situation des Zachäus). Was hat mich befreit? Sammeln von alltäglichen »befreienden Worten, Verhaltensweisen und Aktivitäten«.
- Wie fühle ich mich heute am 3. Fastentag? Pantomimisch ausdrücken durch Geste, Bewegung oder Körperhaltung (lockert auf und macht Spaß).
- Meditation: Entspannungsphase mit Musik, sich einen Menschen aus dem eigenen Lebensbereich auswählen (Ehepartner, Kind, Arbeitskollege . . .) und ihn meditieren, wie ich ihm z. B. begegne und wie ich ihm in Zukunft begegnen will.
- Jüdische Geschichte »Den Bruder und die Schwester sehen« als Abschluß.

4. Fastentag

THEMA
Ich bin ich –
wenn das Leben zur Last wird

ZIELE
- Teilnehmer sind bereit, über alltägliche Lasten ihres Lebens offen zu reden und erleben dies als ersten Schritt, damit umzugehen,
- geben und finden Anregungen für den Umgang mit ihren Lasten,
- schöpfen Kraft aus den Gesprächen miteinander und der biblischen Erzählung über die »Heilung des Gelähmten«.

INHALTE – Fragen, Interessen, Themen, Anregungen

Körperliches Fasten ⟷ **religiöses Fasten und Leitthema** ⟷ **seelisches und soziales Fasten**

Körperliches Fasten
- Gift in meinem Körper. Fasten als Befreiung von diesen »Altlasten«.

religiöses Fasten und Leitthema
- Lasten im Leben und wie ich damit umgehe (Klage im Alltag und in Bibel).
- Auf der Suche nach Stärkung und Kraft (biblische Erzählung von der Heilung eines Gelähmten, Joh 5.1–9).

seelisches und soziales Fasten
- Umgang mit mir und anderen – Last verstärkend oder lindernd?
- Ich fühle mich getragen und gehalten – wodurch?

Übergreifende Inhalte

- Kurzer Erfahrungsaustausch: Wie geht's mir heute?
- Atem-, Bewegungs- und Entspannungsübungen

METHODISCHE ANREGUNGEN

- Die Geschichte der »Lastentragenden Palme« als Einstimmung zur Beschäftigung mit der Frage: Was erlebe, spüre, fühle ... ich täglich als Last? (Einzelarbeit, Anhörrunde)
- Gruppengespräche: Mit Lasten umgehen – Was mir Kraft gibt! (Übung: »Getragen und Gehalten«)
- Meditation: »Wieder auf den Beinen« (Joh 5,1–9); eventuell anschließende Gesprächsrunde.
- Eigene Klagepsalmen schreiben lassen, z. B. zur Aussage wie: »Herr, das ist mir zu schwer ...« und zeigen, wie in der Bibel Menschen Gott ihre Klage und ihr Lob offen entgegenbringen.
- Bildmeditation mit Walter Habdanks »In manibus tuis« (Ps 31,6).

5. Fastentag

THEMA
Ich bin ich –
auf der Suche nach Gott

ZIELE
- Teilnehmer fühlen sich als Suchende mit ihren Fragen ernst- und angenommen,
- setzen sich mit biblischen und eigenen Gottes-Vorstellungen auseinander,
- entdecken Spuren Gottes im menschlichen Alltag,
- werden bereit, als Suchende und Fragende auf dem Weg weiterzugehen und mit Gott zu ringen,
- erhalten die notwendigen Informationen zum Aufbautag.

INHALTE – Fragen, Interessen, Themen, Anregungen

Körperliches Fasten ⟷ religiöses Fasten und Leitthema ⟷ seelisches und soziales Fasten

Körperliches Fasten
- Weiterfasten? Wer? Was beachten? Grenze? Wer verantwortlich?
- Fastenbrechen – wie? Was beachten?
- Aufbauen am 1. Tag – aber wie? Bedeutung des Aufbaus für weitere Ernährungsweise.

religiöses Fasten und Leitthema
- Gott begegnen und mit ihm ringen?
- Gott – wer ist das? Gottesvorstellungen im Alten und Neuen Testament.
- Ich als Suchender und was mir Schwierigkeiten bereitet, Gott zu finden – Gott suchen in den Erfahrungen des Menschen?
- Getragen sein von Gott – Wann? Wo?

seelisches und soziales Fasten
- Impuls: eine kleine Aufmerksamkeit für einen Teilnehmer der Fastengruppe vorbereiten bis zum Abschlußfest (Namenszettel auslosen).
- Wie erlebe ich meine Umwelt am letzten Fastentag?
- Wie sehe ich mich und meinen Umgang mit den anderen?

Übergreifende Inhalte

- Fasten als ganzheitliche Erfahrung
- Fasten führt zur Begegnung mit Menschen und damit zur Gotteserfahrung

METHODISCHE ANREGUNGEN

- Entspannung mit Mandala und anschließend Bildmeditation zu Habdanks »Jakob ringt mit Gott«.
- Übung: Ich suche Gott – was möchte ich ihn fragen?
- Impulskarikatur: »Gott arbeitet unten« – Wir suchen die »Arbeitsplätze« Gottes im Alltag (Gruppengespräche). Jede Gruppe erarbeitet zu einem »Arbeitsplatz« ein Gebet oder Geschichte oder Anfrage.
- Gott begegnen – in Menschen der Bibel (Kleingruppen, wichtigste Kennzeichen der Gottesvorstellung erkennen).
- Schriftliche Kurzinformation über 1. Aufbautag.
- Meditation: Spuren im Sand – Ich habe dich getragen!

l … tag

T … IELE

Ic … Gı …

– … miteinander das Fasten brechen und bewußt »Essen« erleben,
– … eigene Eßgewohnheiten und notwendige Folgerungen überdenken,
– … neu aufmerksam werden für die Gaben der Schöpfung,
– … Teilnehmer erhalten praktische Anregungen zur Ernährung an … en Aufbautagen.

INH … en

Körp … sten und Leitthema ⟷ seelisches und soziales Fasten

– Wi… ode… Fas…
– Um… sen … weis… Aufb…

– … en am Beispiel des … Abendgruppen ge… äckebrot) neu erle… ießen.
– … keit für das Leben … s.
– Zu Gast bei einem freundlichen Gott (bewußt essen, was Gottes Schöpfung bietet. Biblische Kochrezepte).

– Nahrung, die ich esse und für die andere ausgebeutet werden (oder esse ich überwiegend das, was uns die Natur in unserer Region in der jeweiligen Jahreszeit bietet?)

Übergreifende Inhalte

– Fastenbrechen, Abschied vom Fasten, bewußter leben auch im Alltag
– Mit allen Sinnen bewußter essen – neuer Ernährungsstil (1. Teil: Regeln zum bewußteren Essen)
– Fasten hat seine Zeit, Genießen hat seine Zeit
– Fest feiern und Fasten – Widerspruch oder...?

METHODISCHE ANREGUNGEN

– »Apfel-Meditation« oder am Abend »Brot-Meditation« zum Fastenbrechen, wobei es wichtig ist, nur Impulse zu geben, um den Apfel (das Brot) »ganzheitlich« zu erfassen: sehen, riechen, beißen, kauen, schmecken ... und möglichst wenig reden.
– Rückschau in meine Eßgewohnheiten vor dem »Fasten« – erinnern, Erfahrungen austauschen, mit »Apfelessen« heute vergleichen, mögliche Folgerungen erarbeiten (Gruppengespräche), z. B. Regeln für bewußteres Eßverhalten.
– Kurzreferat oder schriftliche Information zur Praxis der Aufbautage.
– Einladung »Zu Gast bei einem freundlichen Gott« als Impuls zum Gespräch über die Vielfalt und den Genuß an Gottes Gaben oder als Abschluß des Treffens.

2. oder 3. Aufbautag/Festlicher Abschluß

(Hinweis: In der Regel beginnt dieser Abend schon ca. 18.30 Uhr)

THEMA
Ich bin ich –
mit offenen Augen meinen Alltag neu leben

ZIELE
- Teilnehmer sammeln die wichtigsten Erfahrungen während der Fastenwoche und sind bereit, einige auch in Spiel, Lieder ... vorzustellen,
- entdecken, erleben und bedenken, was es heißt »mit offenen Augen zu leben«,
- erleben eine angenehme Atmosphäre und fühlen sich ermutigt, ihren Lebensstil zu bedenken und mit kleinen Schritten zur Veränderung zu beginnen.

INHALTE – Fragen, Interessen, Themen, Anregungen

Körperliches Fasten ⟷ **religiöses Fasten und Leitthema** ⟷ **seelisches und soziales Fasten**

Körperliches Fasten

- Nochmals die wichtige Erfahrung: »Jeder Dumme kann fasten, aber nur ein Weiser kann das Fasten richtig brechen«. – Die Bedeutung des Essens nach dem Fasten.

religiöses Fasten und Leitthema

- Mit offenen Augen leben ... in der Natur, im Alltag, in Begegnungen mit Menschen und Gott.
- »Ich möchte wieder sehen können« (Mk 10,46–52). Erfahrungen mit dem neuen Sehen während der Fastenwoche.
- Fasten: aufmerksamer für meinen Alltag (täglich auferstehen, Lebensstil).

seelisches und soziales Fasten

- Fasten und teilen: das gemeinsam vereinbarte Vorhaben »sozialen Fastens« wird abgeschlossen (z. B. sammeln für ein Projekt ...).
- Im Rückblick auch persönliche Vorsätze sozialen Fastens berücksichtigen.

Übergreifende Inhalte

- Ganzheitliches Fasten in dieser Woche im Rückblick: Erfahrungen, Beobachten, Anregungen ... schriftlich und je nach Wunsch im Gespräch
- Mit allen Sinnen bewußter essen – neuer Ernährungsstil (2. Teil: Grundinformationen zur Vollwerternährung; doch besser wäre, später einen eigenen Abend für Interessenten anzubieten)

METHODISCHE ANREGUNGEN

- Raum und Atmosphäre gestalten: Tischgestecke, Sektgläser mit »Natur-Mineralwasser-Sekt«, Kerzen, Musik, die gegenseitig vorbereiteten Aufmerksamkeiten, Lieder...
- Besinnung mit Text: »Mit offenen Augen leben ...«
- Weitere Möglichkeit: Meditation zu Mk 10,46–52 (als Phantasiereise in Begegnung mit der Situation oder mit Bild oder...).
- Darstellen einzelner Fastenphasen bzw. gemeinsame Gespräche, Themen, Erlebnisse in Gedichtform, Spiel, Rollengespräch ... und schriftliche Auswertung.
- Vorhaben »soziales Fasten« abschließen und Weiterleitung abklären.
- Besinnung als Abschluß: »Mein täglicher Weg heißt Auferstehung« oder Text: »Ich wünsche dir Geduld«.
- Sammlung von Anregungen zum Impuls: »Lebensstil, das ist...«

Anmerkungen Teil 2

[1] Vgl. die Erfahrungsberichte über verschiedene Angebote in: *Niggemeyer, E./Lützner, H.*, Fasten verändert mein Leben, München 1987, S. 16ff.

[2] A.a.O., S. 11

[3] Vgl. dazu den Artikel »Heilung für das sündige Körperlein«, in: Spiegel, 42. Jahrgang, Nr. 11, 14.3.88

[4] *Lützner, Hellmut,* Wie neugeboren durch Fasten, München 15/1984

[5] Vgl. *Lützner,* a.a.O., S. 15

[6] Vgl. *Müller, Peter,* Praxis der Erwachsenenbildung in der Gemeinde. Situationen, Ziele, Planung, Organisation, München 1986

[7] Vgl. *Lützner,* a.a.O., S. 32ff.

[8] Vgl. *Müller, Peter,* Methoden in der kirchlichen Erwachsenenbildung, München 1982, S. 16–69; *ders.*, Begegnen, Verstehen, Verändern. Kirchliche Jugendarbeit mit Eltern und Familien, München 1984, S. 48–169; *Klein, Irene,* Gruppen leiten ohne Angst. Ein Handbuch für Gruppenleiter, München 1984, u. a.

[9] Vgl. *Müller,* Methoden ..., a.a.O., S. 72ff.

[10] *Bieger, Eckhard* u. a., Spielregeln für Kursleiter, Gelnhausen 1981, S. 17

[11] A.a.O., S. 19

Teil 3

FUNDGRUBE

Ergänzende Informationen,
Texte, Hinweise

Es genügt nicht zum Fluß zu kommen,
um Fische zu fangen.
Man muß auch ein Netz mitbringen.

Chinesisches Sprichwort

Es ist nicht genug zu wissen,
man muß es auch anwenden,
es ist nicht genug zu wollen,
man muß es auch tun!

J. W. Goethe

Fundgrube ist für engagierte Fastengruppenleiter/innen gedacht. Sie sind zum einen auf der Suche nach geeigneten Materialien und methodischen Anregungen, zum anderen werden sie im Laufe einer Fastenwoche vor allem zu Beginn bezüglich des körperlichen Fastens mit vielfältigen Fragen konfrontiert. Gerade in diesen Fragen spüren wir die Unsicherheit vieler Fastenden und deren neue Sensibilität für ihren Körper und ihre leibliche Befindlichkeit. Der erfahrene Fastengruppenleiter findet in der angegebenen Literatur zum Fasten aus medizinischer Sicht auf viele dieser Fragen grundlegende Informationen und kann den Teilnehmern auch die entsprechenden Hilfen geben. Dennoch gibt es immer wieder offene Fragen, auf die wir in der Literatur keine oder nur verkürzte Antworten finden. Das gilt vor allem für ganz praktische Tips auf Teilnehmerfragen, die meist so beginnen: »Was mache ich, wenn ...?« oder: »Was muß ich bei der Körperpflege, z. B. beim Bürsten beachten?«
Fundgrube – unter diesem Stichwort werden nun abschließend Anregungen verschiedenster Art für den Fastengruppenleiter vorgestellt. Zuerst einige ergänzende Informationen und praktische Anweisungen zum körperlichen Fasten. Sie sind entstanden aus den Erfahrungen unserer Fastengruppenleiter mit Fastenwochen in den letzten Jahren und wurden zusammengestellt von *Cornelia Heinemann,* Spaichingen. Auch die hier überarbeitete Fassung wurde von ihr auf dem Hintergrund ihrer vielfältigen Erfahrungen als Fastenleiterin und Gesundheitsberaterin überprüft. Zweitens eine Sammlung wichtiger Aussagen zum Fasten aus der jüdisch-christlichen Tradition, d. h. aus dem Alten und Neuen Testament, die zusammen mit den auf Seite 33 ff. zu findenden Texten aus der kirchlichen Tradition sehr hilfreich sein können. Dazu kommt ein Textauszug aus der »Weisung zur kirchlichen Bußpraxis«, die von allen katholischen Diözesen jedes Jahr in ihren kirchlichen Amtsblättern veröffentlicht werden und die die z. Z. gültigen kirchlichen Bestimmungen zum Fasten und zur Fastenzeit zusammenfassen. Abschließend noch einige ausgewählte Literatur- und Medienangaben sowie ein Fragebogen als Anregung zur schriftlichen Auswertung von Fastenwochen.
Weitere Anregungen zur inhaltlichen Gestaltung von Fastenwochen finden interessierte Fastengruppenleiter in meinem Lese- und Übungsbuch für Fastende »Fasten – dem Leben Richtung geben«, das ebenfalls im Kösel-Verlag erschienen ist.

1. Was kann ich tun, wenn ...?

Ergänzende Informationen zum körperlichen Fasten

Anleitungen

(1) Zum Trockenbürsten des Körpers zur Anregung der Durchblutung (zur Unterstützung der Entschlackung)

- Immer mit dem rechten Fuß beginnen (er ist am weitesten vom Herz entfernt). Mit langen Strichen und leichtem Druck bis hoch zum Gesäß fahren. Am Körper bleibend, ohne Druck, mit der Bürste abwärts streichen um das ganze Bein. Mit kreisenden Bewegungen rechte Gesäßhälfte und Hüfte bürsten. Das gleiche Vorgehen am linken Bein, Gesäß und Hüfte (bei Krampfadern nicht bzw. die betreffenden Partien auslassen).
- Bauch: mit kleinen, kreisenden Bewegungen um den Nabel anfangen (im Uhrzeigersinn), größere Kreise, bis Bauch vollständig gebürstet ist.
- Rücken: Beginnend vom Kreuzbein (Sie benötigen dazu eine Bürste mit Stiel) rechte Seite hoch, linke Seite hoch.
- Rechter Arm: Handteller und -rücken. Mit langen Strichen den Arm bis zur Schulter mit Druck bürsten, dann wieder ohne Druck zurück zur Hand. Um den ganzen Arm. Der letzte Strich geht von der Arminnenseite bis hinunter zur letzten Rippe. Beim linken Arm wiederholen.

- Brust: Rechte Brust (nicht Brustwarze) nach der Brustwarze beginnend ein größer werdender Kreis, zum Dekolleté ausstreichen, links wiederholen.

(2) Kalte Güsse und ansteigendes Fußbad

Allgemeine Regeln

Der Körper muß warm sein. Sollte das nicht der Fall sein,

- dann ihn, wenn möglich, durch körperliche Bewegung oder Bettwärme anwärmen, gelingt das nicht,
- dann sind Wechselanwendungen »heiß-kalt-heiß« besser als Kaltanwendungen; besteht ständiger Wärmemangel,
- dann lieber Trockenbürste anwenden.

Beim Guß benötigt man einen Schlauch oder die oft schon handelsübliche Einstellung der Handbrause auf Wasserstrahl; oder einfach den Brausekopf abschrauben (evtl. Kneipp-Gießrohr aufschrauben), damit ein druckloser Wasserstrahl den betreffenden Körperteil umfließen (wie ein »Mantel«) kann. Im einzelnen können Sie wie folgt vorgehen:

- Das Schlauchstück in spitzem Winkel zur zu begießenden Körperstelle dicht auf den Körper halten, so daß das Wasser wie ein Mantel die betreffenden Körperstellen umfließt.
- Gleichmäßig und ruhig atmen.
- Den Guß nicht unter Zeitdruck oder hastig ausführen.
- Man sollte nicht direkt im ablaufenden Wasser stehen (Lattenrost in die Duschwanne).

Nach dem Guß:

- Nach 15–20 Minuten muß völlige Wiedererwärmung eingetreten sein, deshalb nicht bewegungslos bleiben nach der Anwendung.
- Wird eine Anwendung nicht mit kalt abgeschlossen, empfiehlt sich anschließendes Ruhen.
- 2–4 Stunden sollten mindestens zwischen 2 Anwendungen liegen.
- Abfrottieren nach Guß ist nicht notwendig; Wasser nur abstreifen, der Luft ausgesetzte Körperteile trockentupfen und über feuchte Haut frische trockene Kleider anziehen.
- Andere Möglichkeit: Nach dem Duschen Körper einölen, am besten mit einem guten Öl, ohne Konservierungsstoffe (z. B. von Wala, Weleda oder eine entsprechende Körpermilch).

a. Knieguß

Hose nicht hochkrempeln, sondern ausziehen. Zunächst die Rückseite und mit dem Wasserstrahl am rechten Fuß beginnen. Von den Zehen über Fußsohle zur Ferse und langsam über die Wade zur Kniekehle hoch, einen Moment dort verweilen, über Innenseite des Unterschenkels zur Ferse zurück.

Am linken Bein genauso verfahren, aber wenn Sie an der Kniekehle angekommen sind, kurz zur rechten Kniekehle übergehen und über die linke Wade wieder zurück zur Ferse.

Anschließend die rechte Vorderseite: wieder an den Zehen beginnen bis oberhalb der Kniescheibe und wieder zu den Zehen. Beim linken Bein ebenso verfahren, aber wenn oberhalb der Kniescheibe angekommen, dann kurz auf das rechte Bein wechseln und darauf achten, daß das Schienbein nicht direkt begossen wird und über das linke Bein zurück.

b. Gesichtsguß

Leicht nach vorne beugen, mit abgeschwächtem Wasserstrahl auf der rechten Seite unterhalb der Schläfe beginnen. Langsam das Gesicht umkreisen, einige Male quer begießen, Wasserstrahl dann, links beginnend, über das Gesicht einige Male von oben nach unten führen. Zum Schluß Gesicht noch einmal umkreisen (am besten über der Badewanne).

c. Armguß

Den Oberkörper frei machen und über die Wanne gebeugt zunächst

- Armoberseite: Begonnen wird an der rechten Hand über den Handrücken, den Arm hoch bis zur Schulter, kurz verweilen, Strahl rasch auf dem gleichen Weg zurückführen. Den linken Arm ebenso behandeln. Dann
- Armunterseite: Wieder mit dem rechten Arm beginnen und nach außen drehen. Von den Fingerspitzen über die Arminnenseite bis zur Schulter, wieder kurz innehalten und rasch zurück. Am linken Arm ebenso.

d. Ansteigendes Fußbad
Das heißt, während des Badens steigt die Wassertemperatur durch ständige, langsame Zugabe von heißem Wasser. Der Wasserspiegel muß dabei gleich bleiben. Deshalb ab und zu etwas Wasser abschöpfen oder ablassen.
Man beginnt mit 35 °C und steigert die Temperatur innerhalb 20 Min. auf 39 °C. Beim Wechsel der Temperaturen nicht zu schnell machen, sonst Blutandrang zum Kopf oder Herzen. Wenn dies eintritt, dann abbrechen und nächstes Mal langsamer (leichter Schweißausbruch ist belanglos). Als Abschluß kurzer kalter Knieguß. Bei Krampfadern, Thrombosen, offenen Beinen, Venenentzündung, ist das ansteigende Fußbad nicht geeignet bzw. nur nach Absprache mit dem Arzt zu empfehlen.

(3) Leberwickel

Ein Moltontuch oder Gästehandtuch in gut warmes Wasser tauchen. Auf die Leber auflegen, die mit heißem Wasser gefüllte Gummiflasche darauf. Zuerst ein Handtuch darüber, dann ein Badetuch, das der Länge nach gefaltet wurde, darüber und um den Körper herumschlagen – ruhen/schlafen (eignet sich auch bei Schlaflosigkeit in der Nacht).

Was tun bei ...? Antworthilfen auf mögliche Fragen der Fastenden

Kopf- und Gliederschmerzen:
Die Entwässerung von verspannten Muskeln kann Schmerzen und ein Ziehen hervorrufen. Hilfreich sind:
– feucht-warme oder feucht-heiße Umschläge
– ansteigendes Fußbad
– Darmreinigung durch Einlauf

Kopfschmerzen:
– Feuchtigkeitszufuhr, evtl. Pfefferminztee (aber nicht zuviel), Wasser
– Ruhe und Entspannung (Beine hochlegen, autogenes Training, leichte Yogaübungen ...)

Migräneanfall:
– Knie- oder Gesichtsguß (vgl. oben Anleitung) vor allem bei Ermüdungskopfschmerzen oder Migräne,
– in hartnäckigen Fällen auch wirksames Medikament einnehmen (Kontrolle durch Arzt). Der Migräneanfällige braucht viel Zeit für Gespräche.

Kreislaufschwäche, Blutdruckabfall, Mattigkeit:
– leichte Bewegung, möglichst am offenen Fenster
– frische Luft, Spaziergang
– anregende Tees (z. B. Wermuttee, Tausendgüldenkraut, Rosmarin, Ginseng- oder leichter Schwarztee), evtl. mit etwas Honig
– Armguß (vgl. oben Anleitung, Gesichtsguß)
– Homöopathische Mittel können unterstützend wirken (Heilpraktiker fragen)
– Unter Umständen Calciumgabe z. B. Frubiase, Trinkampullen
– Ruhe und Entspannung
– Viel frische Luft, Spaziergang, Bauchatmung, gezielte Atemübungen, schnelles Bücken und Wiederaufrichten vermeiden
– Bürsten (vgl. oben), morgens und mittags nach dem Ruhen.

Erbrechen:
Kann sehr stark mit seelischem Befinden zusammenhängen. Teilnehmer sollten sich fragen: Was ihn/sie bedrückt? Was er/sie wirklich möchte? Fastet er/sie wirklich freiwillig? Sind Fastenängste vorhanden, wurde vorschriftsmäßig abgeführt? Wurden die Fastenregeln strikt eingehalten?
Helfen können: Wärme, ruhig liegen, Tee langsam löffeln, Einlauf, Gemüsebrühe zusätzlich etwas ansalzen oder Haferschleim.

Frösteln, frieren:
– Ansteigendes Fußbad (nicht bei Krampfadern, Venenentzündung, offenen Beinen, Thrombose, bei Unsicherheit Arzt fragen)
– Warme Kleidung (Naturfaser)
– Trockenbürstenmassage
– Bewegung und frische Luft

Sodbrennen:
Kartoffelsaft verdünnt trinken, Darmreinigung, etwas Heilerde mit Wasser verrührt trinken.

Blähungen:
– Kümmel-, Anis- oder Fencheltee
– Wärmflasche

Hungergefühl (oder sind das Eßgelüste?):
– langsam Wasser oder Tee trinken
– sich nicht selbst in »Versuchung« bringen
– Einladungen, Cafés und Bäckereien meiden
– morgens evtl. etwas (wenig!) Buttermilch oder einen Einlauf oder 1 Eßlöffel Glauber- oder Bittersalz trinken, aufgelöst in einem großen Glas warmen Wassers
– sich mit anderem beschäftigen (Lesen, Spaziergang, Gespräch)

Krämpfe:
Kann Magnesiummangel sein. Dann Magnesiumtabletten besorgen (Arzt oder Apotheker um Rat fragen).

Muskelschwäche:
Kalium, Kalinor (Kalium-Brausetabletten)

Kleidung während des Fastens:
Die Kleidung während des Fastens sollte möglichst, je nach Empfindlichkeit des Fasters, aus reinen Naturfasern hergestellt sein, zumindest die Wäsche, die direkt auf der Haut getragen wird.

Kosmetik:
Alle Cremes zur Körperpflege nach Duschen und Bürsten sollten ohne Konservierungsstoffe sein.

Pille:
Wer die Pille üblicherweise morgens einnimmt, kann diese beim Fasten erst 3 Stunden nach dem »Glaubern« einnehmen, da es zu vorzeitiger Magenentleerung kommen kann. Beim Einlauf ist es nicht nötig, die Pilleneinnahme zu verschieben.

Darmentleerung:
Neben dem ersten, mindestens auch am dritten und fünften Fastentag für Darmentleerung sorgen.

Fasten und Leistungsfähigkeit:
Alles, was schnellen Krafteinsatz fordert, kann schwierig sein: Sprints wie Fußballspielen, schnell die Treppe hochrennen, sollte man vermeiden.
– Gut sind dagegen sogenannte Dauerleistungen wie: Schwimmen, Langlaufen, Radfahren, Wandern, Gymnastik . . .
– Nicht zuviel im Bett liegen, sonst gehen Kraft und Leistungsfähigkeit verloren, da es sonst nicht nur zum Abbau von Fett, sondern auch der Muskeln kommt, dadurch erhöht sich die Kreislaufanfälligkeit und Schlappheit.

Ruhezeiten:
Je nach Situation immer wieder Ruhepausen einlegen (lieber mehr als zu wenig) und dabei nicht lesen, nicht das Radio oder den Fernseher laufen lassen. Entspannen, sich auf den Atem konzentrieren, ruhig werden. Sich möglichst zur Mittagsruhe hinlegen mit Leberwickel. Dadurch wird die Leber in ihrem Entgiftungsprozeß massiv unterstützt (vgl. oben).

2. Fasten – ausgewählte Texte aus der Bibel

Die ausgewählten Texte verstehen sich als Ergänzung zu den im 1. Teil schon vorgestellten Aussagen zum Fasten. In ihnen werden die Vielfalt und die unterschiedlichen Akzente jüdischen und christlichen Fastenverständnisses sichtbar. Für den Fastengruppenleiter eine weitere Anregung, den einen oder anderen Text hier oder aus den Texten der altkirchlichen Tradition (vgl. Seite 33) für Gruppengespräche auszuwählen und zu verwenden. In den Überschriften wird zur schnellen Orientierung ein wesentlicher Aspekt des Textes zum Fasten hervorgehoben.

2.1 Fasten im Alten Testament

Fasten als Vorbereitung

Als ich auf den Berg gestiegen war, um die Steintafeln entgegenzunehmen, die Tafeln des Bundes, den der Herr mit euch geschlossen hatte, blieb ich vierzig Tage und vierzig Nächte auf dem Berg, aß kein Brot und trank kein Wasser. Der Herr übergab mir die beiden Steintafeln, die mit dem Gottesfinger beschrieben waren. Auf den Tafeln standen alle die Worte, die der Herr am Tag der Versammlung auf dem Berg mitten aus dem Feuer zu euch gesprochen hatte.

Deuteronomium 9,9.10

Der König aber hatte das Herz eines Barbaren; er begann, den Juden noch weit Schlimmeres in Aussicht zu stellen als das, was zur Zeit seines Vaters geschehen war. Judas hörte davon und ließ dem Volk bekanntgeben, man solle Tag und Nacht zum Herrn beten. Wenn je zu einer Zeit, dann müsse er ihnen jetzt helfen. Man wolle ihnen das Gesetz, das Vaterland und den heiligen Tempel rauben. Gerade erst habe das Volk ein wenig aufatmen können; Gott möge doch nicht zulassen, daß sie den ruchlosen Heiden in die Hände fielen. Drei Tage lang lagen sie ohne Unterbrechung auf den Knien und flehten unter Tränen und Fasten gemeinsam den barmherzigen Herrn an. Judas sprach ihnen Mut zu; dann gab er ihnen den Befehl, sich bereitzuhalten. Auf einer geheimen Sitzung der Ältesten ließ er den Beschluß fassen, man solle, bevor der König in Judäa eindringen und die Stadt in seine Gewalt bringen könne, ausrücken und die Sache mit Gottes Hilfe entscheiden.

Makkabäer 13,9–13

Joschafat geriet in Furcht; er beschloß, den Herrn zu befragen, und ließ in ganz Juda ein Fasten ausrufen. Die Judäer versammelten sich, um vom Herrn (Hilfe) zu erbitten. Auch aus allen Städten Judas kamen sie herbei, um den Herrn zu bitten.

2 Chronik 20,3.4

Die Israeliten waren nämlich (inzwischen nach Bet-El) hinaufgezogen, hatten bis zum Abend vor dem Herrn geweint und ihn gefragt: Sollen wir noch einmal zum Kampf gegen unseren Bruder Benjamin antreten? Der Herr hatte geantwortet: Zieht hinauf gegen ihn! Als nun die Israeliten am zweiten Tag gegen die Benjaminiter vorrückten, zogen ihnen die Benjaminiter wiederum von Gibea aus entgegen und streckten noch einmal achtzehntausend Männer aus Israel zu Boden, die alle mit Schwertern bewaffnet waren. Darauf zogen alle Israeliten, das ganze Volk, hinauf nach Bet-El. Dort saßen sie klagend vor dem Herrn; sie fasteten an jenem Tag bis zum Abend und brachten dem Herrn Brandopfer und Heilsopfer dar. Dann befragten die Israeliten wieder den Herrn.

Richter 20,23–27

Ester ließ Mordechai antworten: Geh und ruf alle Juden zusammen, die in Susa leben. Fastet für mich! Eßt und trinkt drei Tage und Nächte lang nichts! Auch ich und meine Dienerinnen wollen ebenso fasten. Dann will ich zum König gehen, obwohl es gegen das Gesetz verstößt. Wenn ich umkomme, komme ich eben um. Mordechai ging weg und tat alles genau so, wie es Ester ihm befohlen hatte.

Ester 4,15–17

Fasten aus Trauer

Als die Einwohner von Jabesch-Gilead hörten, was die Philister mit Saul gemacht hatten, brachen alle kriegstüchtigen Männer auf, marschierten die ganze Nacht hindurch und nahmen die Leiche Sauls und die Leichen seiner Söhne von der Mauer von Bet-Schean ab; sie brachten sie nach Jabesch und verbrannten sie dort. Dann nahmen sie die Gebeine, begruben sie unter der Tamariske von Jabesch und fasteten sieben Tage lang.

1 Samuel 31,11–13

Nun lebte Judit schon drei Jahre und vier Monate als Witwe in ihrem Haus. Sie hatte für sich auf dem flachen Dach ihres Hauses ein Zelt aufstellen lassen, hatte ein Trauergewand angelegt und trug die Kleider einer Witwe. Sie fastete, seit sie Witwe war, alle Tage, außer am Sabbat und am Vortag des Sabbats, am Neumond und am Vortag des Neumonds und an den Festen und Freudentagen des Hauses Israel. Sie hatte eine schöne Gestalt und ein blühendes Aussehen. Ihr Gatte Manasse hatte ihr Gold und Silber, Knechte und Mägde, Vieh und Felder hinterlassen, die sie in ihrem Besitz hielt. Niemand konnte ihr etwas Böses nachsagen; denn sie war sehr gottesfürchtig.

Judit 8,4–8

Fasten um Gottes Barmherzigkeit für Kranke

Dann ging Natan nach Hause. Der Herr aber ließ das Kind, das die Frau des Urija dem David geboren hatte, schwer krank werden. David suchte Gott wegen des Knaben auf und fastete streng; und wenn er heimkam, legte er sich bei Nacht auf die bloße Erde.

2 Samuel 12,15–16

Ich aber zog ein Bußkleid an, als sie erkrankten, / und quälte mich mit Fasten. / Nun kehre mein Gebet zurück in meine Brust.

Psalm 35,13

Fasten als Buße und wahre Umkehr

Dann warf ich mich vor dem Herrn nieder. Wie beim erstenmal blieb ich vierzig Tage und vierzig Nächte vor ihm, aß kein Brot und trank kein Wasser, wegen all der Sünde, die ihr begangen hattet, indem ihr tatet, was in den Augen des Herrn böse ist, so daß ihr ihn erzürntet.

Deuteronomium 9,18

Mir wanken die Knie vom Fasten, / mein Leib nimmt ab und wird mager.

Psalm 109,24

Am vierundzwanzigsten Tag dieses Monats kamen die Israeliten zu einem Fasten zusammen, in Bußgewänder gehüllt und das Haupt mit Staub bedeckt.

Nehemia 9,1

Im ersten Jahr, nachdem Darius, der Sohn des Xerxes, aus dem Stamm der Meder, König über das Reich der Chaldäer geworden war, in diesem ersten Jahr seiner Herrschaft suchte ich, Daniel, in den Schriften die Zahl der Jahre zu ergründen, die Jerusalem nach dem Wort des Herrn an den Propheten Jeremia verwüstet sein sollte; es waren siebzig Jahre. Ich richtete mein Gesicht zu Gott, dem Herrn, um ihn mit Gebet und Flehen, bei Fasten in Sack und Asche, zu bitten. Ich betete zum Herrn, meinem Gott, legte ein Bekenntnis ab und sagte: Herr, du großer und furchterregender Gott, du bewahrst denen, die dich lieben und deine Gebote halten, deinen Bund und deine Gnade. Wir haben gesündigt und Unrecht getan . . .

Daniel 9,1–5

Das Wort des Herrn erging zum zweitenmal an Jona: Mach dich auf den Weg, und geh nach Ninive, in die große Stadt, und droh ihr all das an, was ich dir sagen werde. Jona machte sich auf den Weg und ging nach Ninive, wie der Herr es ihm befohlen hatte. Ninive war eine große Stadt vor Gott; man brauchte drei Tage, um sie zu durchqueren. Jona begann, in die Stadt hineinzugehen; er ging einen Tag lang und rief: Noch vierzig Tage, und Ninive ist zerstört! Und die Leute von Ninive glaubten Gott. Sie riefen ein Fasten aus, und alle, groß und klein, zogen Bußgewänder an. Als die Nachricht davon den König von Ninive erreichte, stand er von seinem Thron auf, legte seinen Königsmantel ab, hüllte sich in ein Bußgewand und setzte sich in die Asche. Er ließ in Ninive ausrufen: Befehl des Königs und seiner Großen: Alle Menschen und Tiere, Rinder, Schafe und Ziegen, sollen nichts essen, nicht weiden und kein Wasser trinken. Sie sollen sich in Bußgewänder hüllen, Menschen und Tiere. Sie sollen laut zu Gott rufen, und jeder soll umkehren und sich von seinen bösen Taten abwenden und von dem Unrecht, was an seinen Händen klebt. Wer weiß, vielleicht reut es Gott wieder, und er läßt ab von seinem glühenden Zorn, so daß wir nicht zugrunde gehen. Und Gott sah ihr Verhalten; er sah, daß sie umkehrten und sich von ihren bösen Taten abwandten. Da reute Gott das Unheil, das er ihnen angedroht hatte, und er führte die Drohung nicht aus.

Jona 3,1–10

Als Ahab diese Drohungen hörte, zerriß er seine Kleider, trug ein Bußgewand auf dem bloßen Leib, fastete, schlief im Bußgewand und ging bedrückt umher.

1 Könige 21,27

Auch jetzt noch – Spruch des Herrn: / Kehrt um zu mir von ganzem Herzen / mit Fasten, Weinen und Klagen. Zerreißt eure Herzen, nicht eure Kleider, / und kehrt um zum Herrn, eurem Gott!

Joel 2,12.13

Fasten als letzte Zuflucht

Die Stadtmauer von Jerusalem ist niedergelegt, und die Tore sind abgebrannt. Als ich das hörte, setzte ich mich nieder und weinte. Ich trauerte tagelang, fastete und betete zu dem Gott des Himmels.

Nehemia 1,3.4

Dann rief ich dort am Fluß bei Ahawa ein Fasten aus; so wollten wir uns vor unserem Gott beugen und von ihm eine glückliche Reise erbitten für uns, unsere Familien und die ganze Habe. Denn ich schämte mich, vom König Soldaten und Reiter zu fordern, die uns gegen Feinde auf dem Weg schützen sollten. Vielmehr hatten wir dem König gesagt: Die Hand unseres Gottes ist schützend über allen, die ihn suchen; doch seine Macht und sein Zorn kommen über alle, die ihn verlassen. Wir fasteten also und suchten in dieser Sache Hilfe bei unserem Gott, und er erhörte uns.

Esra 8,21–23

Fasten bringt nichts, weil die Gesinnung fehlt

So spricht der Herr von diesem Volk: Haltlos hin und her zu schweifen, das lieben sie; ihren Füßen gönnen sie keine Ruhe. Doch der Herr hat kein Gefallen an ihnen. Jetzt denkt er an ihre Schuld und straft ihre Sünden. Und der Herr sprach zu mir: Bete nicht um das Wohlergehen dieses Volkes! Auch wenn sie fasten, höre ich nicht auf ihr Flehen; wenn sie Brandopfer und Speiseopfer darbringen, habe ich kein Gefallen an ihnen. Durch Schwert, Hunger und Pest mache ich ihnen ein Ende.

Jeremias 14,10.11

So ist ein Mensch, der seiner Sünden wegen fastet, / aber hingeht und dasselbe wieder tut.
Wer wird sein Gebet erhören, / und was hat er von seinem Fasten?

Psalm 34,31

Fasten, das ich liebe

Es ist gut, das Geheimnis eines Königs zu wahren; die Taten Gottes aber soll man offen rühmen. Tut Gutes, dann wird euch kein Unglück treffen. Es ist gut, zu beten und zu fasten, barmherzig und gerecht zu sein. Lieber wenig, aber gerecht, als viel und ungerecht. Besser, barmherzig sein, als Gold aufhäufen. Denn Barmherzigkeit rettet vor dem Tod und reinigt von jeder Sünde. Wer barmherzig und gerecht ist, wird lange leben.

Tobit, 12,7–9

Ist das ein Fasten, wie ich es liebe, / ein Tag, an dem man sich der Buße unterzieht:
wenn man den Kopf hängen läßt, so wie eine Binse sich neigt, / wenn man sich mit Sack und Asche bedeckt?
Nennst du das ein Fasten / und einen Tag, der dem Herrn gefällt?
Nein, das ist ein Fasten, wie ich es liebe: / die Fesseln des Unrechts zu lösen, / die Stricke des Jochs zu entfernen,
die Versklavten freizulassen, / jedes Joch zu zerbrechen,
an die Hungrigen dein Brot auszuteilen, / die obdachlosen Armen ins Haus aufzunehmen,
wenn du einen Nackten siehst, ihn zu bekleiden / und dich deinen Verwandten nicht zu entziehen.
Dann wird dein Licht hervorbrechen wie die Morgenröte, / und deine Wunden werden schnell vernarben.
Deine Gerechtigkeit geht dir voran, / die Herrlichkeit des Herrn folgt dir nach.

Jesaja, 58,5–8

Im vierten Jahr des Königs Darius erging das Wort des Herrn an Sacharja, am vierten Tag im neunten Monat, dem Monat Kislew. Bet-El sandte Sarezer und Regem-Melech mit seinen Leuten, um den Zorn des Herrn zu besänftigen und um die Priester im Haus des Herrn der Heere und die Propheten zu fragen: Soll ich weiterhin im fünften Monat weinen und enthaltsam sein, wie ich es so viele Jahre getan habe? Da erging an mich das Wort des Herrn der Heere: Sag dem ganzen Volk auf dem Land und den Priestern: Ihr habt gefastet und Klage abgehalten im fünften und im siebten Monat, und das siebzig Jahre lang – aber bin ich es, für den ihr so streng gefastet habt? Und wenn ihr eßt und trinkt, eßt ihr dann nicht für euch, und trinkt ihr nicht für euch? Kennt ihr nicht die Worte, die der Herr durch die früheren Propheten verkünden ließ, als man Jerusalem und die Städte ringsum sorglos bewohnte, als der Negeb und die Schefela noch bewohnt waren? Und das Wort des Herrn erging an Sacharja. So spricht der Herr der Heere: Haltet gerechtes Gericht, jeder zeige seinem Bruder gegenüber Güte und Erbarmen; unterdrückt nicht die Witwen und Waisen, die Fremden und Armen, und plant in eurem Herzen nichts Böses gegeneinander!

Sacharja 7,1–10

Das sind die Dinge, die ihr tun sollt: Sagt untereinander die Wahrheit! Fällt an euren Stadttoren Urteile, die der Wahrheit entsprechen und dem Frieden dienen. Plant in eurem Herzen nichts Böses gegen euren Nächsten, und liebt keine verlogenen Schwüre! Denn das alles hasse ich – Spruch des Herrn.
Und es erging an mich das Wort des Herrn der Heere: So spricht der Herr der Heere: Das Fasten des vierten, das Fasten des fünften, das Fasten des siebten und das Fasten des zehnten Monats werden für das Haus Juda Tage des Jubels und der Freude und froher Feste sein. Darum liebt die Treue und den Frieden!

Sacharja 8,16–19

2.2 Fasten im Neuen Testament

Fasten in den Evangelien

40-Tage-Fasten
Dann wurde Jesus vom Geist in die Wüste geführt; dort sollte er vom Teufel in Versuchung geführt werden. Als er vierzig Tage und vierzig Nächte gefastet hatte, bekam er Hunger. Da trat der Versucher...

Mt 4,1–3; vgl. auch Lk 4,1.2

Wie sollt ihr fasten?
Wenn ihr fastet, macht kein finsteres Gesicht wie die Heuchler. Sie geben sich ein trübseliges Aussehen, damit die Leute merken, daß sie fasten. Amen, das sage ich euch: Sie haben ihren Lohn bereits erhalten. Du

aber salbe dein Haar, wenn du fastest, und wasche dein Gesicht, damit die Leute *nicht merken, daß du fastest,* sondern nur dein Vater, der auch das Verborgene sieht; und dein Vater, der das Verborgene sieht, wird es dir vergelten.

Mt 6,16–18

Warum fasten Deine Jünger nicht?
Da die Jünger des Johannes und die Pharisäer zu fasten pflegten, kamen Leute zu Jesus und sagten: Warum fasten deine Jünger nicht, während die Jünger des Johannes und die Jünger der Pharisäer fasten? Jesus antwortete ihnen: Können denn die Hochzeitsgäste fasten, solange der Bräutigam bei ihnen ist? Solange der Bräutigam bei ihnen ist, können sie nicht fasten. Es werden aber Tage kommen, da wird ihnen der Bräutigam genommen sein; an jenem Tag werden sie fasten.

Mk 2,18–20; vgl. Mt 9,14–17; Lk 5,34–35

Fasten als jüdische Tradition
... lebte eine Prophetin namens Hanna. Sie hielt sich ständig im Tempel auf und diente Gott Tag und Nacht mit Fasten und Beten.

Lk 2,36–37

Fasten als Übersoll
... Jesus erzählte dieses Beispiel: Zwei Männer gingen zum Tempel hinaus, um zu beten; der eine war ein Pharisäer, der andere ein Zöllner. Der Pharisäer stellte sich hin und sprach leise dieses Gebet: Gott, ich danke dir, daß ich nicht wie die anderen Menschen bin, die Räuber, Betrüger, Ehebrecher oder auch wie dieser Zöllner dort. Ich faste zweimal in der Woche und gebe dem Tempel den zehnten Teil meines ganzen Einkommens. Der Zöllner aber blieb ganz hinten stehen und wagte nicht einmal, seine Augen zum Himmel zu erheben, sondern schlug sich an die Brust und betete: Gott, sei mir Sünder gnädig! Ich sage euch: Dieser kehrte als Gerechter nach Hause zurück, der andere nicht. Denn wer sich selbst erhöht, wird erniedrigt, wer sich aber selbst erniedrigt, wird erhöht werden.

Lk 18,9–14

Fasten und Beten
Oft wird nach der Heilung eines besessenen Jungen (Mk 9,14ff., Mt 17,14ff.) auf die Frage der Jünger: Warum könnten wir den Dämonen nicht austreiben? die Antwort Jesu zitiert: »Diese Art kann nur durch Gebet und Fasten ausgetrieben werden« (Mk 9,29; Mt 17,21). In den neueren Übersetzungen und Kommentaren wird »und Fasten« immer weggelassen. Denn in den ältesten Textzeugnissen fehlt diese in späteren Abschriften enthaltene Zufügung. Sie widerspricht auch der Aussageabsicht des vorangegangenen Textes.

Fasten in den anderen Schriften des Neuen Testaments

Fasten als Vorbereitung zur Auswahl und Beauftragung
Als sie zu Ehren des Herrn Gottesdienst feierten und fasteten, sprach der Heilige Geist: Wählt mir Barnabas und Saulus zu dem Werk aus, zu dem ich sie mir berufen habe. Da fasteten und beteten sie, legten ihnen die Hände auf und ließen sie ziehen.

Apg 13,2.3

In jeder Gemeinde bestellten sie durch Handauflegung Älteste und empfahlen sie mit Gebet und Fasten dem Herrn, an den sie nun glaubten.

Apg 14,23

Fasten während einer Wartezeit
Da inzwischen längere Zeit vergangen und die Schifffahrt bereits unsicher geworden war – sogar das Fasten war schon vorüber –, wandte Paulus ...

Apg 27,9

Fasten ertragen
Ich erduldete Mühsal und Plage, durchdachte viele Nächte, ertrug Hunger und Durst, häufiges Fasten, Kälte und Blöße.

2 Kor 11,27

Im Fasten ein Diener Gottes
In allem erweisen wir uns als ein Diener Gottes: durch große Standhaftigkeit, ..., durch Fasten ...

2 Kor 6,4.5

3. Weisung zur kirchlichen Bußpraxis

Durch Glaube und Taufe sind Christen mit Gott versöhnt und in die Lebensgemeinschaft mit Christus und seiner Kirche aufgenommen. Was wir in der Taufe als Gabe empfangen haben, das ist zugleich unsere Aufgabe: wir sind zu einem Leben aus dem Glauben berufen. – Trotzdem sind wir immer wieder versucht, die Verbindung mit dem Herrn und der Kirche zu vernachlässigen oder gar durch schwere Schuld zu lösen. Durch die Schwäche und Sünde der einzelnen Christen bleibt auch die Kirche als Gemeinschaft hinter dem Auftrag des Herrn zurück. Uns allen gilt daher der Ruf Jesu: »Die Zeit ist erfüllt, und das Reich Gottes ist nahe. Bekehrt euch und glaubt an das Evangelium« (Mk 1,15). So müssen Buße, Umkehr und Erneuerung eine Grundhaltung jedes Christen sowie der ganzen Kirche sein.

Bußzeiten

Von Anfang an haben die Christen feste Zeiten der Besinnung und Buße gehalten und dabei erfahren, wie wichtig und hilfreich es für uns Menschen ist, diese Haltungen in bestimmten Zeiten immer wieder einzuüben.

1. Die vierzigtägige Fastenzeit

Alljährlich begeht die Kirche als eigene Zeit der Besinnung und Buße die »Österliche Bußzeit«. Vierzig Tage hindurch bereitet sie sich für die österliche Feier des Todes und der Auferstehung des Herrn.
In dieser Zeit suchen wir Christen, uns und unseren Lebensstil so zu ändern, daß wieder mehr Raum entsteht für Besinnung und Gebet, für heilsamen Verzicht und neue Sorge füreinander. Als einzelne und als Gemeinden machen wir uns bereit, in der Osternacht das Taufversprechen bewußt und entschieden zu erneuern und in dankbarer Freude mit Christus das Ostermahl zu halten.
Diese österliche Tischgemeinschaft mit dem Herrn ist für uns lebensnotwendig. Wir sind zu ihr in jeder Meßfeier eingeladen. Unabdingbare Mindestforderung ist:
Ein katholischer Christ ist verpflichtet, an jedem Sonntag und gebotenen Feiertag die Hl. Messe mitzufeiern und wenigstens einmal im Jahr, und zwar in der österlichen Zeit (Aschermittwoch bis Pfingstsonntag), an der Eucharistie durch den Empfang der Heiligen Kommunion voll teilzunehmen!
Erfreulich vielen Christen ist die sonntägliche Kommunion selbstverständlich geworden. Für jeden Kommunionempfang gilt:
Wer sich in schwerer Sünde von Gott abgewandt hat, muß umkehren und sich durch den Empfang des Bußsakramentes versöhnen lassen, ehe er zum Tisch des Herrn hinzutritt.

Der Aschermittwoch
Am Aschermittwoch beginnt die Kirche gemeinsam ihren österlichen Weg. Nach Möglichkeit nehmen die Gläubigen am Aschermittwochgottesdienst teil und lassen sich als äußeres Zeichen der Bußgesinnung die Asche auflegen.
Der Aschermittwoch ist strenger Fasttag. Der katholische Christ begnügt sich an diesem Tag mit einer einmaligen Sättigung und verzichtet auf Fleischspeisen. Diese Verpflichtung zum Fasten betrifft Erwachsene vom vollendeten 21. Lebensjahr bis zum Beginn des 60. Lebensjahres. Das Abstinenzgebot (Verzicht auf Fleischspeisen) verpflichtet jeden Katholiken vom vollendeten 14. Lebensjahr bis zum Lebensende. Entschuldigt ist, wer durch Krankheit oder schwere körperliche Arbeit am Fasten oder an der Abstinenz gehindert ist. Neben der einmaligen Sättigung ist am Fasttag zu den beiden anderen Tischzeiten eine kleine Stärkung erlaubt.

Die Werktage der Fastenzeit
An allen Werktagen der Fastenzeit sind wir aufgerufen, Buße im Sinne der Bergpredigt (Mt 6,1 bis 8) durch Gebet, Verzicht und Werke der Nächstenliebe zu verwirklichen.

Gebet
Wir entsprechen dem Geist Jesu und dem Wunsch der Kirche, wenn wir in der Fastenzeit neu auf Gottes Zuwendung zu uns antworten und uns besonders darum bemühen, persönlich zu beten und das Familien- oder Gemeinschaftsgebet zu erneuern, zum Beispiel das Morgen- und Abendgebet, das Tischgebet oder den »Engel des Herrn«. Gemeinschaft mit Gott sollten wir in dieser Zeit auch suchen durch Lesen der Heiligen Schrift, Besuch der Fastenpredigt, Teilnahme an Besinnungstagen, Exerzitien, Zeiten der Stille, Kreuzweg- oder Rosenkranzandachten, nicht zuletzt durch den Empfang des Bußsakraments und durch die Mitfeier der Eucharistie auch an Werktagen.

Fasten und Verzicht
Das eigentliche Fasten bleibt an allen Werktagen der Fastenzeit angeraten. Wer nicht so einschneidend fasten kann, sollte sich wenigstens bewußt einschränken im Essen, Trinken und Rauchen, im Gebrauch des Fernsehens und auf Partys, Tanzveranstaltungen und ähnliche Vergnügen verzichten. In solchem Verzicht gewinnen wir neue Freiheit für Gott, für den Menschen neben uns und gegenüber den eigenen Wünschen und Bedürfnissen. Wir üben damit zugleich als einzelne und als weltweite Glaubensgemeinschaft jedes Jahr neu die Haltung jenes Konsumverzichtes ein, ohne den die Menschheit ihre Zukunft nicht bestehen wird.

Almosen und Werke der Nächstenliebe:
Seit alters haben die Christen es als einen besonderen Sinn des Fastens angesehen, mit den Armen zu teilen. Für uns gilt heute:
Jeder Christ soll je nach seiner wirtschaftlichen Lage jährlich ein für ihn spürbares Geldopfer für die Hungernden und Notleidenden in der Welt geben.
Mehr noch als sonst im Jahr sollen wir Christen in der Fastenzeit uns sorgen um Menschen in leiblicher und seelischer Not, um Alte, Kranke und Behinderte, um mutlose, ratlose und verzweifelte Menschen, in denen uns Christus begegnet.

Der Karfreitag
In der Feier des Karfreitags bekennt sich die Kirche vor der ganzen Welt zum leidenden und gekreuzigten Herrn. Im Gedenken an sein Sterben für uns und betroffen von der Bosheit und Sünde, die in uns und in der Welt immer noch wirken, begeht die Kirche diesen Tag als Bußtag. Der Karfreitag ist strenger Fasttag. Der katholische Christ begnügt sich an diesem Tag mit einer einmaligen Sättigung und verzichtet auf Fleischspeisen.
Diese Verpflichtung zum Fasten betrifft Erwachsene vom vollendeten 21. Lebensjahr bis zum Beginn des 60. Lebensjahres. Das Abstinenzgebot (Verzicht auf Fleischspeisen) verpflichtet jeden Katholiken vom vollendeten 14. Lebensjahr bis zum Lebensende. Entschuldigt ist, wer durch Krankheit oder schwere körperliche Arbeit am Fasten oder an der Abstinenz gehindert ist. Neben der einmaligen Sättigung ist am Fasttag zu den beiden anderen Tischzeiten eine kleine Stärkung erlaubt.

2. Die Freitage des Jahres

Umkehr und Erneuerung unseres Lebens dürfen sich nicht auf die Fastenzeit beschränken. Sie müssen unseren Alltag prägen in Ehe und Familie, in Arbeit und Freizeit, in Gesundheit und Krankheit. Daran erinnert das ganze Jahr hindurch der Bußcharakter des Freitags. Alle Freitage, ausgenommen gebotene Feiertage, sind im Gedenken an das Leiden und Sterben des Herrn kirchliche Bußtage, an denen der Christ zu einem Freitagsopfer verpflichtet ist.
Zum Freitagsopfer ist jeder Katholik vom vollendeten 14. Lebensjahr bis zum Lebensende verpflichtet. Die Kinder sollen dazu erzogen werden, an den kirchlichen Bußtagen freiwillig auf Fleisch zu verzichten oder ein anderes Opfer zu bringen. Dem Sinn dieses Freitagsopfers entspricht: Dienst am Nächsten, Gebet, Lesung der Hl. Schrift, Geistliche Lesung, Meditation, Anbetung, Teilnahme an der Hl. Messe oder eine spürbare Einschränkung. Die Enthaltung von Fleischspeisen bleibt sinnvoll, besonders wenn sie einen wirklichen Verzicht bedeutet. Das so Ersparte sollte mit Menschen in Not brüderlich geteilt werden.
(Aus dem Kirchlichen Amtsblatt der Diözese Rottenburg-Stuttgart)

4. Hinweise auf Literatur und Materialien

Über das »Lese- und Übungsbuch« als religiös-spirituellem Fastenbegleiter, das vom Verfasser zur gleichen Zeit veröffentlicht wurde und das sowohl für Einzelfaster gedacht ist als auch vielfältige Anregung für Fastengruppenleiter zur inhaltlichen und methodischen Gestaltung der Gruppentreffen enthält, können sich Interessenten ausführlich informieren. Dieser Fastenbegleiter bietet, zusammen mit Lützners *Fastenführer* aus medizinischer Sicht, für den *Einzelfaster* wie auch für Fastengruppen ein »Informations- und Orientierungspaket« zu einem ganzheitlichen Fasten, wie wir es in der Rottweiler Fastenwoche verstehen und auch diesem Arbeitsbuch zugrundegelegt haben.
Fastengruppenleiter/innen suchen jedoch oft noch weitere Anregungen zur didaktisch-methodischen Planung und Gestaltung von Fastengruppen. Dazu die folgenden ausgewählten Angaben:

»Das Thema« – Arbeitshefte zu aktuellen Themen. Vor allem die Nr. 20–29; Hrsg. von der Arbeitsgemeinschaft Frauenseelsorge Bayern; Leider wurde diese Reihe 1987 eingestellt. Doch gibt es oft noch Restbestände einzelner Hefte bei manchem Diözesanbildungswerk.
Jakobi, Paul, Damit die Saat aufgeht, Mainz 1984, *ders.,* Damit das Glück Wurzeln schlägt, Mainz 1987
Katholische Junge Gemeinde (Hrsg. Bundesleitung), Beten durch die Schallmauer, Düsseldorf 4 1987
Müller, Peter, Methoden in der kirchlichen Erwachsenenbildung, München 1982

Sommer, Antonius, Hör auf deinen Körper. Sich selbst und den Mitmensch verstehen – Ein Programm zur Einübung, Freiburg 1988

Köhn, Ulrich, Spüren, daß Gott uns trägt. Mit Leib und Seele glauben, Freiburg 1988

Weitere methodische Möglichkeiten bieten: Diareihen zur Meditation, meditative oder klassische Musik, Fotos . . . aus dem Methoden- und Erfahrungsschatz jedes Gruppenleiters.

5. Fragebogen zur Auswertung einer Fastenwoche mit den Teilnehmern

Über die Planung, Organisation und inhaltliche Gestaltung einer Veranstaltung nachzudenken und entsprechende Folgerungen zu ziehen, das sollte auch am Ende einer Fastenwoche selbstverständlich sein. Wichtig für diese Nachbereitung sind die Rückmeldungen der Teilnehmer, sei es schriftlich und/oder im Gespräch. Auf diese schriftliche Teilnehmerrückmeldung wollen wir uns hier mit der folgenden Anregung beschränken. Wir verwenden beide Wege, das Auswertungsgespräch und einen Fragebogen. Eine Anregung zur schriftlichen Rückmeldung stellen wir im folgenden vor:

Meine Erfahrungen in der Fastenwoche

1. Wie fühlen Sie sich am Ende dieser Fastenwoche?
2. Ihr »Gewinn« durch diese Fastenwoche – was war für Sie besonders wichtig?
3. Wodurch fühlten Sie sich unterstützt, diese Fastenwoche durchzuhalten?
4. Was bereitete Ihnen Schwierigkeiten?
5. Was haben Sie ganz vermißt?
6. Welche Aktivitäten und Gesprächsthemen hätten stärker berücksichtigt werden sollen?
7. Was war Ihnen zuviel oder zu schwierig?
8. Wie haben Sie die Verbindung von körperlichem, religiösem und sozialem Fasten erlebt?
9. Was sollte bei der nächsten Fastenwoche beachtet werden?
   – organisatorisch
   – inhaltlich
   – vom Fastengruppenleiter
10. Weitere Angebote nach der Fastenwoche – an welchen thematischen und praktischen Angeboten wären Sie interessiert?